美國兩位總統——威爾遜與羅斯福
特別推崇的勵志成功學經典代表作！

人人都能成功

拿破崙・希爾
克里曼特・斯通 合著

特別推薦

《世界最偉大的推銷員》作者：奧格・曼丁諾

這本書不一定會給你什麼幫助？

如果你真正想把你的生活變得更好，並且願意在時間、思想和其他方面花出代價以達到你的目標；如果你不是在開自己的玩笑的話，那麼，這本書便是你從海邊無數的卵石中撿到的一顆鑽石，便是一幅通往更光明的未來的路線圖，一幅將使你完全重建你的有價值的藍圖！

我們生活在一個奇異和發展迅速的世界上，每天都有一個新的「偽預言者」站出來，宣稱他所獲得的幸福和成功。他們迅速地出現了，也將同樣迅速地消失，而當濃霧升起時，這本書的真理，仍將改變成千上萬未出生者的生活。

你真想把你的生活改變得更好嗎？

如果是真的，那麼這本書就可能是你所碰到的最好的書籍。閱讀它，學習它，然後開始行動。如果你決心致力於此，這倒是很簡單的。

一些令人吃驚的事情，即將出現於你的面前……

《人人都能成功》將給你帶來成功、財富、生理健康、心理健康和幸福，只要你對它做出良好的反應。請記住安德魯・卡內基所說的話：「人生中任何有價值的東西，都值得我們為它而勞動。」

喚醒那酣睡的巨人！在明天以後，你將發現在某種意義上，閱讀勵志書籍將會幫助你喚醒你心中酣睡的巨人。

希爾博士簡介

希爾博士出身貧寒，一八八三年十月二十六日生於美國東部濱海的維吉尼亞州山區瓦意斯城一間小木屋中；一九七〇年十一月八日逝世於美國東部濱海的南卡羅萊納州西部格林維爾城。

希爾的母親很早就留下兩個兒子去世了，希爾幼年的生活十分坎坷。他曾說：「當我是個小孩時，我被認為是一個該下地獄的人。」

希爾在《希爾成功學》中曾談到他的一些經歷——

多年前，有一個農民住在美國南部的山區；他續娶了一個妻子，她成了他的兩個小男孩的繼母。這個妻子也帶來了她自己的兩個兒子。過了很久一段時間，他們的第五個男孩誕生了。這個家庭是個典型的山區家庭，而這個農民是他家在貧窮和文盲中誕生和成長的第四代。他的妻子不但來自本州富裕的地區，而且還有著良好的文化背景以及受過大學教育。她不是那種接受貧窮和文盲而不加反抗的人。

那天晚上，那個農民把他的新妻子帶回家裡，並把她介紹給聚集在那裡參加婚宴的親友。最後，他又把她介紹給他九歲的長子，同時說：「現在，我希望妳見見這個小傢伙，他是這個地方壞得最有名的小孩；也許不到明天早晨，他就會拋石頭打妳。」

那位繼母走到年幼的「傑西・詹姆斯」的跟前，先把雙手放在他肩上，然後又把她的一隻手放在他的下巴，向上托起他的小腦袋，盯著他的眼睛看了一會兒，然後轉過身來，對她的丈夫說：「你錯了。他不是這個地方最壞的孩子，而是最伶俐的孩子，只是他還沒有找到發洩他的『熱情』的方法。」

當時，那個小男孩和他的新母親馬上就建立了友誼，這種友誼注定要對大半個文明世界發生良好的影響。那是人們首次稱讚那個小男孩。他的親屬，包括他的父親，以及所有的鄰居，在孩子的心理，把他作為一個壞孩子塑造了他，而他也並不致令他們失望。他的繼母只用一句簡短的話，就改變了那種情況！

這位繼母是個身材嬌小的女人，她在身高上的不足卻使她在雄心和熱情方面得到了更大的補償。當她來到這個遭受貧窮襲擊的家庭一星期後，她和丈夫開了個「會議」，這個會議注定要迫使她的丈夫永遠擺脫貧窮。會議決定：他應該上牙科醫學院。第二年

（一八九三），在他三十八歲時他考入了肯塔基州的路易斯維爾牙科醫學院，他在那兒讀到畢業。那個農民之所以選擇牙科，是因為他的妻子已經做了一點人事工程，了解到她的丈夫是一位熟練的機械工人。她認為：這種技術恰巧也能應用到牙科方面。起初，這個農民表示反對；但是沒有用，因為她的「熱情」比他的托辭更有力。她的判斷由下述的事實得到了證實。這個農民在牙科醫學院的學習成績是班上最好的，他用三年的時間就學完了四年的必修課，並以極優等的成績畢業。

他回到家後，他的妻子再一次發揮了她的「熱情」，勸告那位成了牙科醫生的農民把家搬到城裡。因為那裡有很多病人，他可以開拓他的事業。他又表示異議，但是，他妻子的「熱情」又勝利了。他們搬到了城裡。之後，這位曾遭受貧窮襲擊的農民成了當地最成功、最幸福的人之一。

這時，那四個男孩中最大的一個已經長到了十四歲，現在繼母要證明：她第一次見到這個男孩時對他的看法是否正確。所以，她把他叫到診療室，關上門，同他開會。在會議結束前，她已把她的「熱情」植入他的心裡，向他灌輸一種「確立的目的」——成為一位成功的作家。

他便開始為小城市幾家報社寫地方新聞稿。不久，他就成了十幾家報社的委託人，其中有幾家報社以免費訂閱報紙的形式付給他報酬，其他的報社則付給他很少的薪金，這種薪金通常是以郵票的形式付給的。

但是，這使他向正確方向邁進做了一個開端，而這個開端是很重要的。年輕的「傑西・詹姆斯」已經拋棄了他的手槍（他的繼母第一次到來時熱情地給他的一項個人財產），代之以筆的卓越力量——他注定要明智而有效地使用的力量。

這位繼母也把她的某些熱情，植入家中其他四個孩子的心裡。今天，一個是醫生，一個是牙科醫生，一個是律師，第四個是一所學院的院長。

我在青年時代，一邊給一些雜誌撰寫有關成功者的文章，一邊勤苦讀完中學。我們兄弟兩人考取了華盛頓市「喬治大學法學院」。這時我接到雜誌社的一個任務：去採訪安德魯・卡內基。我僅僅為了取得寫一篇報導的資料，就到卡內基先生豪宅去訪問他。但是，我離開他時，卻被委託去做一種研究工作，卡內基先生認為這種研究對於給世人提供個人成就的有組織的哲理是必要的。這就花費了此後我一生中的二十年時間，而這一切都沒有從卡內基那裡得到補償。

當我回到華盛頓把這個新任務告訴我的弟弟時，他說：「你是個白痴！你應當請人檢查一下你的腦袋！」我弟弟的反應是我所有親戚的典型態度，只有我那極好的、善於理解人的繼母是例外。她是我永遠能依靠的人。

不顧我家庭的一切苛責和諷刺，我開始為這個任務而工作。因為我已經向安德魯・

卡內基保證我願意做創造時代事業的工作，他希望把這種時代事業留給美國人民，他相信：這種時代事業所構成的資產必定大於他透過贈與研究基金會大量給予美國人民的全部物質財富。我那時知道這項任務超越了當時我的能力，我必須努力工作，以便成為這個工作所需要的那種高度成長的人。

安德魯・卡內基給了我很多幫助：替我寫介紹信給當時的名人。卡內基派我去見的最初的一些人中的一位是亨利・福特。那還是在福特出名之前很久的時候。在我到達底特律市，見到了福特先生以及研究了他以後，我真正地感到茫然，不知道卡內基看中了福特的哪一點，而把他選出來作為幾年後領導美國整個汽車工業的人。這就和我最初的任務相衝突了，但卻使我模糊地感覺到我的任務實際上是什麼。我第一次漸漸領悟到：我必須看到這些成功者一切方面的活動，然後我才能推論出激勵了他們每個人的作為成功基礎的原則，再確定這些原則是否能成為一切真正成功的原則……

同時，我有必要自謀生計，並供養我的妻子和孩子們。難怪在我的弟弟、我的父親和我的其他幾位親戚看來，這件工作是愚蠢的。他們看見我在應當集中力量為自己賺錢的時候，卻去浪費二十年的生命。他們不了解：除去我在做我必須要做的事之外，我還在提供比我得到的報酬所要求的更多更好的服務。

我主要是靠訓練推銷員來維持我的生計。自那時以來，我已經訓練了許多成功的推銷員。

我所出身的粗陋的環境並非祕密。我是在維吉尼亞州的荒山中誕生和長成的。那兒的人民以三樣東西著稱：走私私酒、響尾蛇、糾紛。如果沒有那位極為善良的婦女——她就是我的繼母——進入了我的人生，並且在我接觸到安德魯・卡內基很久以前，就教導我「多走些路」的好處，我想我是絕不會逃出那些荒山的。

一九〇八年，二十五歲的希爾在華盛頓喬治大學上學，並為一家雜誌社工作三天，這家雜誌社要他去採訪偉大的鋼鐵大王、哲學家兼慈善家安德魯・卡內基先生，以便寫一篇千字的報導。可是卡內基非常看重希爾的品性和才華，便邀請希爾到他豪華的住宅，暢談了三天。他們每天一小時又一小時地討論成功的哲理問題。卡內基闡述了十七條成功原則，以及如何把這些原則應用到生活中去爭取成功。希爾聽得眉飛色舞，十分欽佩。

卡內基十分器重希爾的素質，認為他可能勝任發展他的成功哲理的任務，就提出兩個問題來考驗他。首先，卡內基激勵他迅速回答，他是否願意用二十年的時間研究美國成功者的成功哲理。希爾清理一下嗓子，只用十幾秒鐘，就做出了肯定的答覆。後來希爾才知道：這時卡內基的手中握著一只碼錶，他在計算時間；如果回答超過了一分鐘，不能迅速做出決定，卡內基就認為這個人不能擔當這項重任。然後卡內基又提出更嚴峻的第二個問題：「在這二十年，你要自謀生計，除因公出差的費用外，我不能給你資助。你願意嗎？」希爾說：「你要我擔當這樣重大的任務，你又這樣富裕，為什麼不能給我資助呢？」卡內基認為：用金錢資助一個人會毀壞這個人，這個人必須透過自我奮鬥才能發展才智，取得成功。希爾也同意了。這樣，卡內基就把研究傳承成功哲理的重任交給了希爾。在這之前，卡內基已經考驗過二百五十多位有才華的青年，但他們都未能獲選。

希爾說過：「我的伯父是百萬富翁，我的名字就是根據他的名字取的。他逝世時沒有給我留下任何遺產，我覺得我碰上了重大的失敗。但是後來我有理由感謝他未給我留下遺產，因為我靠自己的力量，透過我的主動精神，征服了貧窮，從而我就學會了如何教導別人征服貧窮的方法。」

在隨後的二十年中，前十年希爾直接在卡內基的指導和幫助下，採訪了五百多位美國各界尚未著名和已經著名的成功者，特別是從貧困、卑微的境遇中崛起的成功者。希爾為什麼要用這麼久的時間呢？因為有些人，例如福特，起初還看不出他們的才能與成就，要觀察到他們成功的原則，還要用一段時間，加以驗證這個原則是否可以成立。

一九二八年希爾完成了劃時代的巨著《成功規律》，激勵千百萬人成了卓越的成功者。有的人慣於用物質形式來衡量事物的價值，因此希爾只好說明他寫這部書只用了四個月，獲得了三百萬美元的稿酬。

希爾博士不僅觀察、研究、思考生活中的成功問題，而且投入到成功的實際中，參與成功的實踐：創辦成功學學習班、函授班，而且用七年多的時間到全美各地發表公開演講。他不僅採訪成功者，而且經常接觸陷入困境的人們，為他們排難解憂；這就大大豐富了他的生活，充實了他的理論。所以他的著作雖然基本原理是相同的，都能各具特色，提出不同的例證、觀念，從不同的角度闡明成功原則。

由於西維吉尼亞參議員任道夫的推薦，希爾先後擔任了美國兩位總統——伍德羅・威爾遜和富蘭克林・羅斯福——的顧問。一九三五年希爾擔任羅斯福總統的顧問時，開始著作《思考致富》，這部世界名著出版於一九三七年，長期暢銷不衰，擁有一千多萬讀者。

希爾由於做了卓有成效的工作，一九五七年獲西維吉尼亞州塞倫市塞倫大學授予的榮譽文學博士學位。

導言

克里曼特・斯通

評價每一種勵志自助的實踐書籍，包括本書在內，都要看這本書是否能激勵讀者去進行值得想望的行動並產生良好的後果。根據這個標準，《人人都能成功》這本書現已被認為是本世紀成就卓著的勵志自助的實踐書籍之一。本書已經激勵了無數的男子、婦女和十來歲的孩子去獲得生理、心理和道德上的良好健康，尋求幸福，追求財富，達到崇高的目標或者別的目的。

如果你願意的話，你將會取得驚人的成就。為了使自己準備好這樣做，你就得清楚地了解安德魯・卡內基的一個思想：所有的成就在開始時都不過只是一個想法罷了！

在繼續談下去之前，我很樂於為你談談與我合作的作者拿破崙・希爾博士的背景。

《思考致富》

希爾所著《思考致富》一書比二十世紀中所出版的任何別的書都更多地激勵了世界各地的人們在他們的事業中獲得財富，取得成功。希爾出身貧寒，於一八八三年十月二十六日生於美國維吉尼亞州瓦意斯城的一個小木屋中，於一九七〇年十一月八日逝世於美國南卡羅萊納州格林維爾城。

當希爾還是一個小孩時，他的繼母十分摯愛他，經常祝福和激勵他去爭取偉大的成就。正是她激勵了一個當時「有問題的孩子」去發展個性，艱苦勞動，成為有教養的成功者。

一九〇八年，當年輕的希爾在為一家雜誌工作並上大學時，他被指派去訪問偉大的鋼鐵大王兼慈善家安德魯・卡內基。

安德魯・卡內基對他的訪問者的印象極為深刻，他請他到家裏作客。在這次為期三天的訪問中，他們每天一小時又一小時地討論哲學問題。這位年老者向年輕的來訪者生動地描述了哲學家們的生活以及他們對世界文化的影響。這位年輕人聽得眉飛色舞。

卡內基在他的討論中用簡單而明瞭的語言敘述了一些原則，以及如何把那些原則應用到生活中去。

挑戰

安德魯．卡內基十分善於理解人。有這樣一種人，他們有進取的精神，有外傾的性格，有卓越的能力，又有充沛的精力和堅強的毅力，而他的理智和感情又處於平衡狀態，激勵這種人的一種方法就是向他挑戰。這位年輕的客人就是這樣的一個人，所以他接受了挑戰。

「在這個偉大的國家中，憑藉著什麼，我，一個外國人，或者其他任何人能創立一番事業，獲得財富，取得成功呢？」卡內基問道。

希爾還未來得及作答，卡內基又繼續說道：「我向你挑戰：你將一生的二十年用於研究美國成功的哲學。你做出回答，你願意接受我的挑戰嗎？」

「非常願意！」希爾迅速地回答。

安德魯．卡內基有一個縈繞於心的意念：「人生中值得擁有的東西，就值得我們為它而勞動。」他願意為這位年輕人抽出他個人的時間，以便和他商討問題。他還寫信把希爾介紹給當時卓越的美國人士，並補償他任何因公而必須付的費用，例如出差、從事採訪。但是，我們清楚地了解：希爾總是要自謀生計的。

在隨後的二十年中，希爾訪問了五百多位成功者。

希爾確是應用了從卡內基和他訪問過的人那裏所學到的許多原則來自謀生計。一九二八年他完成了八卷《成功規律》——這書激勵了千百萬人去獲得財富或者成為卓越的成功者。

由於西維吉尼亞州的參議員任道爾夫的推薦，希爾當了美國兩位總統——伍德羅・威爾遜和富蘭克林・羅斯福——的顧問。他影響了他們所做的某些決定，而這些決定又影響了美國歷史的進程。

恰好在希爾訪問卡內基之後的二十年。《成功規律》出版了。這部名著產生了國際性的影響。七年後，當希爾擔任羅斯福總統的顧問時，他開始寫作《思考致富》。這部名著出版於一九三七年，擁有一千多萬讀者。

一個有益的發現

一九三七年，著名的經理人、銷售顧問和演講者皮克斯送給我一冊《思考致富》。這部名著的哲學在許多方面和我的人生哲學是十分一致的，我就把它送給遍布美國各地的我的銷售代表。（那時我開辦聯合註冊公司，這是全國性的銷售組織，專營意外事故保險。）

我獲得了成功！因為我得到一個有益的發現。我發現了一種勞動工具，它可以激勵銷售人員增加他們的銷售量和利益：那就是透過一本勵志自助的實踐書獲得財富。

你可能要問：「那麼卡內基的故事、《成功規律》和《思考致富》同《人人都能成功》有什麼關係呢？」

《成功規律》寫過安德魯・卡內基哲學的基本原理，《思考致富》包括安德魯・卡內基哲學的基本原理、希爾的哲學和經驗以及關於讀了一《成功規律》以後獲得了財富和成功的人的故事。《人人都能成功》實質上吸取了這些資料，並有所補充。

它特別地告訴你如何使用人們所能想像的最偉大的機器——一部如此可畏的機器，以致只有上帝本人才能創造它。這部機器是一部人類計算機。它就是你的大腦和你的神經系統，機械電腦正是由它設計出來的。

當一件事要挖掘和應用你的下意識心理的能力時，《人人都能成功》這部書就會指導你應該和如何去做。曾經有人在什麼地方建設性地教過你應用、控制或協調激情、熱情、感情、天性、傾向、情緒和思想及行動的習慣嗎？曾經有人教過你如何不顧任何障礙，力爭上游和達到目標嗎？如果你的回答是「沒有」，那麼你可以閱讀並應用《人人都能成功》，這本書就會教你這些知識。

成果值得重視

在最近十六年多的時間中，本書精裝本已經印了四十二萬冊。我們的讀者取得了十分驚人的成果，已經把他們的生活改變得更好。他們勇敢地面對著人生的問題，終於實現了自己的願望。所以我很高興紐約袖珍圖書公司安排出本書的平裝本，希爾和我的主要目標無非是激勵更多的人擺脫他們所不喜歡的思想、習慣和行動的奴役，並幫助他們尋找和獲得真正的人生財富，在不違背上帝戒律和同胞權利的情況下，一一滿足他們的願望。

擺脫奴役他們的契約

在曼丁諾為本書所作的序言之外，他還說過——

> 我想從我的經驗談起。多年前，由於我自己的愚昧無知和累累錯誤，我失去了我的一切寶貴的東西——我的家庭、我的房子和我的工作，幾乎一貧如洗，盲人瞎馬。我開始到處流浪，尋找自己，尋找能使我賴以度日的種種答案……

我終於在希爾和斯通合著的《人人都能成功》一書中找到了我所需要的答案。

奧格・曼丁諾是一位著名的演說家和《世界最偉大的推銷員》等自助書籍的作者。皮爾博士（Norman Vincent Peale）和其他著名的作者已經多次告訴我：他們如何引用《人人都能成功》一書中的說明和原則鼓勵別人得到了高超的個人成就。

最近一位朋友邀請我到華盛頓一家著名的餐館去吃飯。服務員吉米給了我們最令人愉快和有效的服務，這是我在世界任何別的地方、任何別的漂亮的餐館裏都沒有受到過的。當我的朋友將離開這個餐館時，吉米請我走到一旁，問我：「我可以耽擱你半分鐘的時間嗎？」

「當然可以。」我答道。

「我早就想告訴你：《人人都能成功》這本書拯救了我的生命。」他說。

另一個名叫泰德的人告訴我：「當我參觀李・菲利普斯展覽會時，你說你將改變我的生活。沒錯，你確是改變了我的生活，我的生活在五年內發生了巨變：我進入了商界，幹得很出色；我的女兒中有兩個從大學畢業了，有一個還在讀私立大學（以前我是沒有錢供她們受大學教育的）；我購買了一棟附有游泳池、高爾夫球場等公有設施的住宅；我已經有了美滿的假期以及其他不少東西！我再一次感謝《人人都能成功》。這本書總是放在我的床頭桌上，我認為這本書是我有價值的財產之一。」

在威斯康辛州米爾沃克城開業的一位醫師，在第二次遇到我時說道：「我想你會很高興獲悉：我開給某些患心理疾病的病人最有效的處方，竟是一種特殊的處方。我開了一本書：《人人都能成功》。」

我可以列出好幾千個這樣的例子，可是，只要你學習和應用本書所提供的原則，你的經驗可能是最好的鑑定書。

特別說明

當你閱讀本書的時候，你要把作者當做你個人的朋友，好像作者是單獨為你個人寫作本書的。把那些對你有意義的句子、語錄和詞彙做上記號。記住自我激勵語句，記住這本書是激勵你從事稱心如意的行動。

林肯能夠發揚這種好習慣：努力從他所讀到的書、所遇到的人和偶然的事件中學習。這就使他得到了可供他參考的觀念，並把這種觀念作為自己的觀念而加以敘述、融會貫通並以應用。

I 會見最重要的活人

會見最重要的活人，那個人就是——你。如何應用你看不見的法寶，將由你自己選擇。

你要會見最重要的活人！

在本書的某個地方你將要突然而驚愕地會見這位活人，並且震驚地認識到這位活人能改變你的整個生活。當你真正地會見了他時，你就會發現他的奧祕。你將發現他隨身帶著一個看不見的法寶。這個法寶的一邊裝飾著五個字——積極的心態；另一邊也裝飾著五個字——消極的心態。

這個看不見的法寶有兩種令人吃驚的力量，它有獲得財富、成功、幸福和健康的力量，也有排斥這些東西，或剝奪一切使你的生活有意義的東西的力量。這兩種力量中的第一種，積極的心態，可以使人攀登到頂峰，並且逗留在那裏。第二種力量則可使人在他們整個人生中都處在底層。當另一些人已經達到了頂峰的時候，正是消極的心態把他們從頂峰給拖了下來。

我們是貧窮的，但不是由於上帝

福勒是美國路易斯安那州一個黑人佃農七個孩子中的一個。他在五歲時開始勞動。他在九歲之前，就以趕騾子為生。這並不是什麼特殊的事，大多數佃農的孩子都是很早就參加勞動的。這些家庭認為他們的貧窮是命運的安排，因此，他們並不會想積極去改善生活。

小福勒有一點同他的朋友們不同：他有一位不平凡的母親。他的母親不肯接受這種僅足糊口的生活。她知道她的貧困的家庭生活在繁榮昌盛的世界中，她認為這個事實一定是有些什麼蹊蹺的。她時常同她的兒子談論她的夢想——

「福勒，我們不應該貧窮。我不願意聽到你說：我的貧窮是上帝的意願。我們的貧窮不是由於上帝的緣故，而是因為你的父親從來就沒有產生過致富的願望。我們家庭中的任何人都沒有產生過出人頭地的想法。」

沒有人產生過致富的願望。這個觀念在福勒的心靈深處刻下了深深的烙印，以致改變了他整個的一生。他開始想走上致富之路，他總是把他所需要的東西放在心中，而把不需要的東西拋到九霄雲外。這樣，他的致富的願望就像火花一樣迸發出來。他決定把經商作為生財的一條捷徑，最後選定經營肥皂。於是他就挨家挨戶出售肥皂達十二年之久。後來他獲悉供應他肥皂的那個公司即將拍賣出售。

這個公司的售價是十五萬美元。他在經營肥皂的十二年中，一點一滴地積蓄了二萬五千美元。雙方達成協議：他先交二萬五千美元的保證金，然後在十天的限期內付清剩下的十二萬五千美元。協議規定如果他不能在十天內籌齊這筆款子，他就要喪失他所交付的保證金。

福勒在他當肥皂商的十二年中，獲得了許多商人的尊敬和讚賞。現在他去找他們幫忙了。他從私交的朋友那裏借了一些款子，也從貸款公司和投資集團那裏獲得了援助。在第十天的前夜，他籌集了十一萬五千美元，也就是說，還差一萬美元。

福勒回憶說：「當時我已用盡了我所知道的一切貸款來源。那時已是沉沉深夜，我在幽暗的房間裏，跪下來禱告；我祈求上帝領我去見一個會及時借我一萬美元的人。我自言自語地說，我要驅車走遍61大街，直到我在一棟商業大樓裏看到第一道燈光。」

夜裏十一點鐘，福勒驅車沿芝加哥61大街駛去。駛過幾個街區後，他看見一個承包商事務所還亮著燈光。

他走了進去。在那裏，在一張寫字枱旁坐著一個因深夜工作而疲乏不堪的人，福勒只是有點認識他。但福勒意識到自己必須勇敢些。

「你想賺一萬美元嗎？」福勒直截了當地問道。

這句話使得這位承包商嚇得向後仰去。

「是呀，當然囉！」他答道。

「那麼，給我開一張一萬美元的支票，當我奉還這筆借款時，我將另付一萬美元的利息。」

福勒對那個人說。他把其他借款給他的人的名單給這位承包商看，並且詳細解釋了這次商業冒險的情況。

那天夜裏，福勒在離開這個事務所時，衣袋裏已經裝了一張一萬美元的支票。以後，他不僅在那個肥皂公司，而且在其他七個公司，包括四個化妝品公司、一個襪類貿易公司、一個標簽公司和一個報館，都獲得了控制權。最近我們要求他和我們一起探索他成功的奧祕時，他用他的母親在多年前所說的話——

「我們是貧窮的，但這並不是由於上帝，而是由於你們的父親從來沒有產生過致富的願望。在我們家庭中，從來沒有一個人想到改革。」

他告訴我們：「你們知道嗎？過去我知道我需要什麼，但是，我不知道如何得到它。為此我閱讀了《聖經》和勵志書籍。我祈求得到能幫助我達到目的的知識。三本書在幫助我把熱烈的願望轉變為現實方面起了重要的作用。這三本書是：《聖經》、《思考致富》、《時代的奧祕》。我最大的靈感是來自《聖經》。假如你知道你需要什麼，那麼，當你看見它的時候，你就會很容易地認識到它。例如當你讀書時，你將認識到一些良機能幫助你獲得你所需要的東西。」

福勒隨身帶著一個看不見的法寶，這個法寶的一邊印著「積極的心態」，另一邊印著「消極的心態」。他把「積極的心態」這一面翻到上面，令人吃驚的事便發生了。他竟然能夠把以前僅僅是夢想的東西變成了現實。

這裏要注意的是福勒開始謀生時所具有的有利條件，比我們大多數人所具有的要少得多。但是他選擇了一個很大的目標，並且奮力向這個目標前進。

對你來說，不論成功是否意味著像福勒那樣的致富，是否像在化學方面發現一種新元素，或創作一首歌曲，種植一株玫瑰花，教養一個孩子——不論成功對你意味著什麼——那個在邊一裝飾著「積極的心態」，在另一邊裝飾著「消極的心態」的法寶，都能夠幫助你達到成功。

「逆境」都含有等量或更大利益的種子

你可能會問：「但如果我有生理上的缺陷，我該怎麼辦呢？」有一個孩子名叫丹普賽，他在誕生時就是畸形人，他的故事也許可以給你的問題做出回答。

丹普賽出生時四肢不全，只有半邊右足和一隻右臂的殘端。作為一個孩子，他想像別的孩子一樣從事運動。他喜歡踢足球。他的父母親就給他做了一隻木製的假腳，以便使他能穿上特製的足球鞋。丹普賽一小時接著一小時，一天接著一天地用他的木腳練習踢足球，努力在離球門愈來愈遠的地方將球踢進去。他變得極負盛名，以致新奧爾良的聖哲隊雇他為球員。

當丹普賽用他的跛腿在最後兩秒鐘內、在離球六十三碼的地方攻網時，球迷的歡呼聲響遍了全美國。這是職業足球隊當時踢進的最遠的球。這次聖哲隊以十九比十七的比分戰勝了底特律的雄獅隊。

底特律雄獅隊的教練施密特說：「我們是被一個奇蹟打敗的！」對許多人說來，這是一個奇蹟，這個奇蹟就是對祈禱者的回答。

「丹普賽並不曾踢中那個球，那個球是上帝踢中的。」雄獅隊的後衛沃爾凱說。

「丹普賽的故事很有趣，但是它對我有什麼意義呢？」

我們的回答：「它的意義很小——除非你能發展一種習慣，用以認識、敘述、吸收和用普遍的原則，將它作為自己的原則，然後以合乎需要的行動，貫徹到底。」

不論你在生理上是否有殘疾，不論你是兒童還是成人，從丹普賽的故事中，你所能學習和應用的原則是——

1・那些能夠產生熱烈的願望以達到崇高目標的人，才能走向偉大。

2・那些用積極的心態不斷努力的人，才能取得並保持成功。

3・在人類的任何活動中，要變成一個成熟的成功者，就必須——實踐、實踐、再實踐。

4・當你確立了特殊目標時，努力和勞動就會變成樂事。

5・對那些被積極的心態所激勵，要成為成功者的人來說，伴隨著任何逆境，都會同時產生一粒等量或更大利益的種子。

6・人的最大力量存在於祈禱的力量中。

要學習和應用這些原則，把你那不可見的法寶上印有「積極的心態」字樣的那一面翻上來……

我是我的命運的主人，

我主宰我自己的靈魂。

當詩人亨利寫這兩行詩的時候，他原是要告訴我們：我們是自己命運的主人，因為，我們是自己態度的主人。我們的態度形成自己的未來，這是一條普遍的規律。這位詩人極為強調地告訴我們：不管這種態度是建設性的還是破壞性的，這條規律都能起作用。這個規律說明：我們能夠把扎根在我們心靈中的思想和態度轉化成有形的現實，不管這種思想和態度是什麼，我們能很快把貧窮的思想變成現實，也能同樣很快把富裕的思想變成現實。

無價的禮物——勞動的歡樂

細想一下亨利・凱撒的例子吧！他是一個真正成功的人，這不僅是使用他的名字的幾個公司擁有十億以上美元的資產，更是由於他的慷慨和仁慈：許多不會說話的人會說話了，許多跛者過著正常人的生活，更多的人以很低的費用得到醫療。所有這一切都是由母親在他的心田裏所播下的種子生長出來的。

瑪麗，給了她的兒子亨利無價的禮物——教他如何應用人生最偉大的價值。

瑪麗在工作一天之後，總是花費一定的時間做義務保姆工作，幫助不幸的人們。她常常對兒子說：「亨利，不從事勞動，從來也不能完成什麼事情。如果我什麼也不遺留

給你，只留給你勞動的意志，那麼，我就給你留下了無價的禮物：勞動的歡樂。」

亨利說：「我的母親最先教給我對人的熱愛和為他人服務的重要性。她慣常說熱愛人和為人服務是人生中最有價值的事。」

亨利深知積極的心態的力量。在第二次大戰中，他建造了一千五百多艘船，其造船速度震驚了全世界。當時他曾說「我們每十天能建造一艘『自由輪』」。專家說：「這是做不到的，這是不可能的。」然而亨利做到了。那些相信他們只能排斥積極性的人，使用了他們法寶的消極的一面；那些相信他們能排除消極性的人，使用了他們法寶的積極的一面。

這就是為什麼當我們使用這個法寶的時候，我們必須小心。這個法寶的積極的心態的一面，能夠使你獲得人生中有價值的東西。它能幫助你克服困難，發現自身的力量。它能幫助你走到你的競爭者的前面，並且如同亨利那樣，能把別人說的不可能的事變成現實。

但是，這個法寶的消極心態那一面也是同樣的有力。它能夠吸引失望和失敗，而不能吸引幸福和成功。假如我們不能適當地使用這個法寶，它就是很危險的。

怎樣排斥消極的心態

一個很有趣的故事可以說明消極心態怎樣進行排斥。這個故事來自美國南方的一個州，那裏現在仍然用燒木柴的壁爐來取暖。過去那兒住著一個樵夫，他給某一個人家供應木柴達兩年多之久。這位樵夫知道木柴直徑不能大於十八釐米，否則就不適合那家人的特殊的壁爐。

但是，有一次，他給這個老主顧送去的木柴大部分都超過了這個尺寸。主顧發現這個問題後，就打電話給他，要他調換或者劈掉這些多出來長度的薪柴。

「我不能這樣做！」這個薪柴商人說道：「這樣所花費的工價，就會比全部柴價還要高。」說完，他就把電話掛了。

這個主顧只好親自做劈柴的工作。他捲起袖子，開始勞動。大概在這項工作進行了一半時，他注意到一根非常特別的木頭。這根木頭有一個很大的節疤，節疤明顯地被人鑿開又堵塞住了。這是什麼人幹的呢？他掂量了一下這根木頭，覺得它很輕，彷彿是空的，他就用斧頭把它劈開了。一個發黑的白鐵捲掉了出來。他蹲下去，拾起這個白鐵捲，把它打開，吃驚地發現裏面包有一些很舊的五十美元和一百美元兩種面額的鈔票。他數了數恰好有二千二百五十美元。很明顯，這些鈔票藏在這個樹節裏已有許多年了。

這個人唯一的想法是使這些錢回到它真正的主人那裏。他抓起電話聽筒，又打電話給那個樵夫，問他從哪裏砍了這些木頭。這位樵夫的消極心態維持著他的排斥力量。

「那是我自己的事。」這個樵夫說：「如果你泄露了你的祕密，別人會欺騙你的。」對方儘管做了多次努力，還是無法獲悉，這些木頭是從哪裏砍來的，也不知道是誰把錢藏在樹內。

現在，這個故事的要點並不在於諷刺。真的，具有積極心態的人發現了錢，而具有消極心態的人卻不能。可見好運在每一個人的生活中都是有的，然而，以消極的心態對待生活的人卻會阻止佳運造福於他。只有具有積極心態的人才會抓住機會，甚至從厄運中獲得利益。

美國聯合保險公司有一個推銷員，名叫亞蘭。亞蘭想當這個公司的明星推銷員。他努力應用他在勵志書籍和雜誌中所讀到的積極心態的原則。他讀了《無限成功》雜誌的一篇社論，標題是《發揚勵志的不滿》。其後不久，他遭遇了一個厄運。這就給了他一個良機去運用他的心態。他有效地應用他的法寶上印有「積極的心態」字樣的那一面。

寒冬的一天，亞蘭在威斯康辛州一個城市的街區中推銷保險，卻沒有做成一筆生意。當然，他是很不滿意的。但是積極的心態使他把這種不滿轉變為「勵志的不滿」。

他記起他所讀過的社論，應用了它所提出的原則。第二天，當他從辦事處出發時，他對同事們講述了前天所遭遇的失敗，接著他說：「等著瞧吧！今天我將再次訪問那些顧客，我將售出比你們售出的總和還要多的保單。」

值得注意的是：亞蘭做到了這一點。他回到那個街區，又訪問了前一天同他談過話的每一個人，結果售出了六十六張意外事故的保單。

啊！這確是一個不平常的成就，而這個成就是由厄運造成的。那時亞蘭在風雪中穿街過巷，跋涉了八個小時，卻沒有賣出一張保單。可是亞蘭能夠把頭一天我們大多數人在失敗的情況下所感覺到的消極的不滿，在第二天就轉化成勵志性的不滿，結果取得了成功。亞蘭確是成了這個公司的最佳推銷員，並被升為推銷部經理。

在真正成功的人們中，有許多人具有這樣的特點：他們有能力使用「積極心態」的力量。我們大多數人總是盼望成功會以某種神祕莫測的方式不期而至，可是我們並不具有這樣的條件，即使我們確實具有這些條件，我們也許會看不見它們。很明顯的東西往往反而會被人視而不見。每一個人的積極心態就是他的優點，這並沒有什麼神祕莫測的地方。

亨利・福特在取得成功之後，便成了眾人羨慕備至的人物。人們覺得由於運氣，或者有影響的朋友，或者天才，或者他們所認為的形形色色的福特「祕訣」——由於這些東西，福特成功了。毫無疑問，這些因素中有幾種當然是起了作用，但是肯定還有些別的什麼東西在起作用。也許每十萬人中有一個人懂得福特成功的真正原因，而這少數人通常恥於談到這一點，因為它太簡單。只要一瞥福特的行動，就可完全了解他的成功「祕訣」。

多年前，亨利‧福特決定改進現在著名的V-8式發動機（引擎）的汽缸。他要製造一個具有鑄成一體的八個汽缸的引擎，便指示工程人員去設計。可是，這些工程人員沒有一個不認為要製造這樣的引擎是不可能的。

福特說：「無論如何要生產這種引擎。」

「但是……」他們回答道：「這是不可能的。」

「去工作吧！」福特命令道：「堅持做這件工作，無論要用多少時間，直到你們完成了這件工作為止。」

這些工程人員就去工作了。如果他們要繼續當福特汽車公司的職員，他們就不能去做別的什麼事。六個月過去了，他們沒有成功。又過了六個月，他們仍然沒有成功。這些工程人員愈是努力，這件工作就似乎愈是「不可能」……

在這一年的年底，福特諮詢這些工程人員時，他們再一次向他報告他們無法實現他的命令。「繼續工作！」福特說：「我需要它，我決心得到它。」

發生了什麼情況呢？

當然，製造這種引擎不是完全不可能。後來福特V-8式引擎裝到最好的汽車上了，使福特和他的公司把他們的最有力的競爭者遠遠地拋到了後面，以致他們用了好些年才趕上來。

福特的積極心態的動力對你也是適用的。如果你應用它，如果你像亨利・福特那樣，把你的法寶轉到正確的那一面，你也能把不可能的事所含的可能性變成現實，取得成功。如果你知道你需要什麼，你最終是能找到一種方法去獲得它的。

一個二十五歲的人，如果在六十五歲時退休，就可以有大約十萬個工作小時。你在這些工作小時中有多少小時是與積極心態之宏大力量並存同生的呢？又有多少工作小時由於消極心態之令人昏厥的打擊而失去了活力呢？

而且，在你的一生中，你將如何使積極的心態，而不是使消極的心態起作用呢？有些人似乎天生就會使用積極心態的動力，另一些人必須學習才能應用這種動力。

但是，你能夠學會發展積極的心態。

有些人只是一時地使用積極的心態，當他們受到了挫折時，就失去了對它的信心。他們開始時是對的，但是某種「厄運」使得他們把法寶翻轉到錯誤的一面。他們未能認識到成功是那些用積極的心態努力不懈的人才能取得的。

他們像那匹著名的老賽馬「約翰‧格里」一樣。格里是一匹良種馬。事實上，牠確是很有希望在比賽中獲勝的：牠被精心地照料、訓練，並被廣告宣傳為唯一能獲得一個機會擊敗在任何時候都占優勢的競賽馬「戰鬥者」。

不要讓消極的心態，害你成為失敗者

一九〇二年七月在阿奎德市舉行的德維爾比賽中，這兩匹馬終於相遇了。那天是一個極為莊嚴隆重的日子，萬眾矚目著起跑點。當這兩匹馬沿著跑道並列跑時，人們都清楚、「格里」是在同「戰鬥者」做殊死的搏鬥。跑了四分之一的路程，牠們仍然不分高低。在僅剩八分之一的路程的地方，牠們似乎還是齊頭並進。然而就在這時，「格里」使勁向前竄去，跑到了前面。

這時是「戰鬥者」騎手的危急關頭。他在賽馬生涯中第一次用皮鞭持續地抽打著坐騎的臀部。「戰鬥者」的反應是這位騎手似乎在放火燒牠的尾巴。牠就猛衝到前面，同「格里」拉開距離，而「格里」這時就好像靜靜地站在那兒一樣。比賽結束時，「戰鬥者」比「格里」領先七個身長。

從我們的觀點來看，重要的是「格里」失敗的影響。「格里」原是一匹精神昂揚的馬，牠的積極態度曾使牠獲得一些勝利。但是這次經歷卻把牠打得慘敗，以致牠再也不能重整旗鼓了。後來牠在一切比賽中都只是應付一下，始終沒再獲取勝利。

人不是賽馬。但是這個故事使人想起那些在興旺的一九二〇年裏取得經濟成功的人。那時他們是以積極的心態開始他們的事業的。可是當一九三〇年經濟蕭條襲來的時候，他們便遭到了失敗。他們破產了，他們的態度便從積極的變為消極的。他們的法寶被翻到了「消極的心態」那一面。他們停止了努力，他們像「格里」一樣，變成了一蹶不振的失敗者了。

有些人似乎在所有的時候都能充分使用積極的心態。有些人開始時使用，然後就停止使用了；但是，另一些人——我們當中的大多數人——並沒真正地開始使用對於我們很有用的巨大力量。

怎麼辦呢？我們能否像一向學習別的技巧那樣學習使用積極的心態呢？

根據我們多年的經驗，我們對這個問題的回答是確定無疑的「能夠」。

會見最重要的活人

你認識到你自己的積極心態的那一天，也就是你將遇到最重要的活人的那一天。最重要的活人就是你！你的心理就是你的法寶，你的力量。

積極的心態是正確的心態。正確的心態總是具有「正性」的特點，例如：忠誠、正直、希望、樂觀、勇敢、創造、慷慨、容忍、機智、親切和高度的通情達理。具有積極心態的人，總是懷著較高的目標，並不斷地奮鬥，以達到自己的目標。

消極的心態則具有同積極的心態相反的特點。

正是積極的心態幫助福勒戰勝了貧窮這個不利的條件。儘管丹普賽的腿患有殘疾，但積極的心態卻激發他踢中了在職業足球賽中從沒有的最遠的球。積極的心態還使得凱撒在每十天中建造了一艘自由輪，使亞蘭回到有希望成為他的顧客的那些人！正是前天拒絕了他的推銷的那些人——之中，從而創造了新的推銷記錄。

你知道怎樣使你看不見的法寶為你工作嗎？也許你知道，也許不知道。也許你已經發展和加強了你的積極心態，直到活力正在給你帶來追求的願望。但是，如果你還沒有強化你的積極心態，當你閱讀本書時，你就能夠或者願意學會這種技術，從而運用你生活中的魔力，發揮你的力量。

2 你能改變你的世界

積極的心態和確立的目標，就是走成功的起點！

現在我們知道積極的心態是十七條成功原則之一。當你開始把積極的心態和這十七條成功原則中的其他幾條原則結合起來應用時，你便走上了成功之路。

為了獲得人生中有價值的東西，你有必要應用積極的心態。積極的心態是一種催化劑，它能使任何幾條成功原則結合起來起作用，以得到一個有價值的結果。消極的心態也是一種催化劑，不過它會招致犯罪和惡行。悲哀、災難、悲劇是它的部分報酬。

十七條成功原則

這十七條成功原則並不是作者的創意。它們是從美國最成功的幾百位名人的終生經驗中提煉出來的。

1．積極的心態
2．確立的目標
3．多走些路
4．正確的思考
5．自制能力
6．集思廣益
7．應用信心
8．令人愉快的個性
9．個人的首創精神
10．熱情
11．集中注意力
12．協同合作精神
13．總結經驗教訓
14．創造性的見識
15．預算時間和金錢
16．保持身心健康

17・應用普遍規律的力量

從今天起，你在有生之年中，如果能把這十七條成功原則，銘刻在你的記憶中而永不磨滅，你就能分析你的每一項成功和每一項失敗。

如果你在日常生活中，能把採用這十七條成功原則當作自己的責任，你就能發展和保持積極的心態。

現在你要勇敢地分析你自己，弄清楚在這十七條原則中，哪些你一直在應用，哪些你一直在忽視。

將來，你要分析你的一切成就和你的一切失敗，如將這十七條成功原則作為一種判斷工具，你很快就能指出什麼東西拖累了你。

如果你具有積極的心態卻並沒有成功，那麼，你該怎麼辦呢？如果你應用積極的心態而沒有成功，這可能是由於你未能將它和其他幾條必要的成功原則結合起來運用，爭取成功。

世界對你不公平嗎？

參加「成功學——積極的心態」學習班的學生多認為自己是某種生活領域中的失敗者。他們初入學習班時，可能首先要回答這樣的一些問題：

「你為什麼要參加學習班呢？」

「你為什麼沒有取得你打算要取得的成功呢？」

他們所給的理由帶給我們一個關於失敗原因的悲劇性故事。

「我從來就未曾真正有過一個奔向前程的機會。你知道：我的父親是個酒鬼。」

「我是在貧民窟中長大的，如果你從你的社會結構中絕對領會不到那種生活。」

「我只受過小學教育。」

實質上，這些人是說世界給了他們不公平的待遇。他們是在責備他們身外的世界和境況，責備他們所遺傳的一切。其實，他們是從消極的心態出發的，正是由於採用這種態度，他們的成功受到了妨礙。

這是關於一位牧師，身上所發生的令人驚奇的小故事——

他在一個星期六的早晨，打算準備他的講道內容。他的妻子出去買東西了。天下雨，他的小兒子吵鬧不休，令人討厭。最後，這位牧師在失望中拾起一本舊雜誌，一頁一頁地翻閱，直到翻到一幅色彩鮮豔的大圖畫——一幅世界地圖。他就從那本雜誌上撕下這一頁，再把它撕成碎片，丟在起居室的地上，說道：「小約翰，如果你能拼攏這些碎片，我就給你二角五分。」

牧師以為這件事會使小約翰花費上午的大部分時間。但是沒過十分鐘，就有人敲他的房門。這是他的兒子。牧師驚愕地看到小約翰如此快地拼好了一幅世界地圖。

「孩子，你怎會把這件事做得這樣快？」牧師問道。

「啊……」小約翰說：「這很容易。它在另一面印有一個人的照片，我就把這個人的照片拼到一起，然後把它翻過來，我想如果這個人是正確的，那麼，這個世界也就是正確的。」

牧師微笑起來，給了他的兒子二角五分，「你也替我準備好了明天的講道內容——如果一個人的思考是正確的，他的世界也就會是正確的。」

這給予我們很大的啟示：如果你想改變你的世界，首先就應改變你自己。如果你是正確的，你的世界也會是正確的。這就是積極的心態所談的全部問題。當你抱著積極的心態時，你的世界的一些問題在你面前便勢必要低頭。

你曾經思考過你在誕生之前，就贏得了許多戰役嗎？

「停下來去思考你自己的事吧！」遺傳進化學家菲爾德說：「在整個世界史中，沒有任何別的人會跟你一模一樣。在將要到來的全部無限的時間中，也絕不會有像你一樣的另一個人。」

你是一個很特殊時人。為了生下你，許多鬥爭發生了，這些鬥爭又必須以成功告終。想想吧：數以億計的精子參加了巨大的戰鬥，然而其中只有一個贏得了勝利——就是構成你的那一個！這是為了達到一個目標而進行的一次大規模的賽跑：這個目標就是包含一個微核的寶貴的卵。這個為精子所爭奪的目標比針尖還要小，而每個精子也是小得要被放大到幾千倍才能為肉眼所見。然而，你的生命的最決定性的戰鬥就是在這麼微小的場合上進行的。

數以百萬計的精子的每一個頭部都包含一個寶貴的負載，它由二十四個染色體所構成，正如同卵的微核包含二十四個染色體一樣。每個染色體是由緊密地串在一起的膠狀小珠所構成。每個小珠包含數以百計的遺傳因子，科學家們把你的遺傳的所有因素都歸之於遺傳因子。

精子中的染色體所包含的全部遺傳物質和傾向，是由父親和他的祖先所提供的；卵核中的染色體所包含的全部遺傳物質和傾向，則是由母親和她的祖先所提供的。你的母親和父親本身代表二十多億年前為生存而戰鬥的勝利的極點。於是一個特殊的精子——最快、最健康的優勝者——同等待著的卵結合起來，就形成一個微小的活細胞。

最重要的是：你的生命一開始，你就已經是一名冠軍了。為了所有實際的目的，你已從過去巨大的積蓄中繼承了你所需要的一切潛在力量和能力，以便達到你的目的。你生來便是一名冠軍，現在無論有什麼障礙和困難在你的道路上，它們都還不及你在受精成胎兒時所克服的障礙和困難的十分之一那麼大哩！

現在來看看庫柏的情況吧！他是美國最受尊敬的法官之一。但這個形象和庫柏年幼時自卑的形象是大相徑庭的。

把自己視為一個成功的形象

庫柏在密蘇里州聖約瑟城裡的一個貧民窟長大，他的父親是一個移民，以裁縫為生，收入微薄。為了家裡取暖，庫柏常常拿著一個煤桶，到附近的鐵路去拾煤塊。庫柏為必須這樣做而感到困窘，他常常從後街溜出溜進，以免被放學的孩子們看見他。特別是有一群孩子常埋伏在庫柏從鐵路回家的路上，襲擊他，以此取樂。他們常把他的煤渣撒遍街上，使他回家時一直流著眼淚。這樣，庫柏總是生活於或多或少的恐懼和自卑的狀態中。

有一件事發生了，這種事在我們打破失敗的生活方式時總是會發生的。庫柏因為讀了一本書，內心受到鼓舞，從而在生活中採取了積極的行動。這本書是荷拉修・阿爾杰著的《羅伯特的奮鬥》。

在這本書裡，庫柏讀到了一個像他那樣的少年的奮鬥故事。那個少年遭遇了巨大不幸，但是他以勇氣和道德的力量戰勝了這些不幸。庫柏也希望具有這種勇氣和力量。

這個孩子讀了他所借到的每一本荷拉修的書。當他讀書的時候，他就進入了主人翁的角色。整個冬天他都坐在寒冷的廚房裡閱讀勇敢和成功的故事，不知不覺吸取了積極的心態。

在庫柏讀了第一本荷拉修的書之後不久，他又到鐵路上去揀煤。隔開一段距離，他看見三個人影在一個房子的後面飛奔。他最初的想法是轉身就跑，但很快他記起了他所欽羨的書中主人翁的勇敢精神，於是他把煤桶握得更緊，一直向前大步走去，猶如他是荷拉修書中的一個英雄。

這是一場惡戰。三個男孩一起衝向庫柏。庫柏丟開鐵桶，堅強地揮動雙臂，進行抵抗，這使得這三個恃強凌弱的孩子大吃一驚。庫柏的右手猛擊到一個孩子的口唇和鼻子上，左手猛擊到這個孩子的胃部。這個孩子便停止打，轉身溜走了，這也使庫柏大吃一驚。同時，另外兩個孩子正在對他進行拳打腳踢。庫柏設法推走了一個孩子，把另一個打倒，用膝蓋猛擊他，而且發瘋似的連擊他的胃部和下顎。現在只剩下一個孩子了，他是領袖。他突然襲擊庫柏的頭部。庫柏設法站穩腳跟，把他拖到一邊。這兩個孩子站著，相互凝視了一會兒。

然後，這個領袖一點一點地向後退，也溜走了。庫柏拾起一塊煤，投向那個退卻者，這也許是表示正義的憤慨。

直到那時庫柏才發現他的鼻子在流血，他的周身由於受到拳打腳踢，已變得青一塊紫一塊了。這是值得的啊！在庫柏的一生中，這一天是一個重大的日子。那時，他克服了恐懼。

庫柏並不比一年前強壯多少，攻擊他的人也並不是不如以前那樣強壯。前後不同的地方在於庫柏自身的心態。他已經不願再逃避，面對危險，他決定不再聽憑那些恃強凌弱者的擺布。從現在起，他要改變他的世界了。他後來也的確是這樣做的。

這個孩子給他自己定下一種身分。當他在街上痛打那三個恃強凌弱者的時候，他並不是作為受驚駭的、營養不良的庫柏在戰鬥，而是作為荷拉修書中的人物那樣的大膽而勇敢的英雄在戰鬥。

把自己視為一個成功的形象有助於打破自我懷疑和自我失敗的習慣，這種習慣是消極的心態經過若干年在一種性格內逐漸形成的。另一個同等重要的、能幫助你改變你的世界的成功技巧是——把你視為會激勵你做出正確決定的某一形象。這種形象可以是一條標語、一幅圖畫或者任何別的對你有意義的象徵。

美國中西部一個國際性的公司的總經理在視察他的舊金山辦公處時，注意到在一個名叫朵夢西・瓊斯的私人祕書的辦公室裡掛著一幅他本人的大幅照片。「朵夢西小姐，在這麼小的房間裡，這張照片不是嫌太大了嗎？」他問道。

朵夢西回答道：「當我有了一個問題時，你知道我做什麼嗎？」她沒等回答，就做出一個姿勢：兩肘放在寫字枱上，兩隻手疊在一起，支撐著她的頭，眼睛向上看著照片，口裡說：「老板，你想怎樣解決這個鬼問題呢？」

朵夢西的話似乎是很幽默的，然而她的想法的實質是令人驚訝的。

也許你在你的辦公室、你的家裏或你的錢包裡有一幅照片。這幅照片上也許是你的母親、父親、妻子或丈夫，也許是富蘭克林或林肯，也可能是一位聖哲。

你的照片可以對你生活中的重要問題提供正確的答案。

當你面臨著一個嚴重的問題或決定時，你要向你的照片提一個問題，並傾聽它所給予的回答。

確立目標是一切成功的起點

確立目標同積極的心態相結合，是所有可觀的成就的起點。記住：你的世界是要改變的，你有能力選擇你的目標。當你以積極的心態確立你的主要目的時，你會自然而然地傾向於應用下列七條成功原則——

1．**個人的首創精神**
2．**自制能力**
3．**創造性的見識**
4．**正確的思考**
5．**集中注意力**
6．**預算時間和錢財**
7．**熱情**

羅伯特・克里斯多夫具有確立的目的和積極的心態。

現在讓我們看看下面的成功故事，是怎樣顯示這些自然傾向的。羅伯特像許多孩子一樣，當他閱讀朱爾斯・維因的《八十天環遊世界》時，他的想像力被激發了。

「我過去花了許多時間去做不切實際的夢想，直到我漸漸長大了，讀了兩本勵志的書：《思考致富》和《信念的魔力》，我就變得實際了。

「別人用八十天環繞世界一周。現在，我為什麼不能用八十美元環遊世界呢？我相信任何一定的目的都是能夠達到的，如果我們有誠意和信心的話。也就是說：如果我從我所處的地方出發，我就能到達我想要到達的地方。

「我想：別的一些人能夠在貨輪上工作而得以橫渡大西洋，再搭便車旅行全世界，我為什麼就不能呢？」

於是，羅伯特就從他的衣袋裡拿出了筆，在一張便條上開列了一個他可能要面臨到的問題表，並記下解決每個問題的辦法。

現在，羅伯特・克里斯多夫是一位熟練的照相師了。當他最後做出了決定時，他就行動起來——

1・和大藥物公司查爾斯・菲茲公司簽訂了一個合同，保證為他提供他所要旅行的國家的土壤樣品。

2・獲得了一張國際駕照和一套地圖，而以保證提供關於中東道路情況的報告作為回報。

3．設法取得了船員資格。

4．獲得了紐約警政單位關於他無犯罪記錄的證明文件。

5．準備了一個青年旅遊招待所會籍。

6．與一個貨運航空公司達成協議，該公司同意他搭飛機越過大西洋，只要他答應拍攝照片供公司宣傳之用。

當這個二十六歲的青年完成了上述計畫時，他就在衣袋裡只裝了八十美元，搭飛機離開了紐約市。他此行的目標是用八十美元環遊世界。下面是他的一些經歷——

1．在加拿大的紐芬蘭島甘德城吃了早餐，他怎麼付餐費呢？他給廚房的廚師照了相，他們都很高興。

2．在愛爾蘭的珊龍市花4.8美元買了四箱的美國紙烟。那時在許多國家裡紙烟和紙幣作為交易的媒介物是同樣便利的。

3．從巴黎到了維也納，費用是給司機一箱紙烟。

4．從維也納乘火車，越過阿爾卑斯山，到達瑞士，給列車員四包紙烟。

5．乘公共汽車到達敘利亞的首都大馬士革。羅伯特給敘利亞的一位警察照了相，這位警察為此感到十分自豪，便選定一輛公車免費為他服務。

6．給伊拉克的特快運輸公司的經理和職員照了一張相。這使他從伊拉克首都巴格達到了伊朗首都德黑蘭。

7．在曼古，一家極豪華的旅館主人把他當國王一樣招待。因為羅伯特提供了那個主人所需要的信息——一個特殊地區的詳細情況和一套地圖。

8．當一名〈飛行浪花〉號輪船的水手，他從日本到了舊金山。

他用八十天環遊了世界嗎？不，羅伯特．克里斯多夫用八十四天環遊了世界。但他的確達到了目標——用八十美元環遊世界。

你想想這種情況吧！你想想那些人終生無目的地漂泊，胸懷不滿、反抗、鬥爭，但是並沒有一個非常明確的目標。你是否現在就能說說你想要在生活中得到什麼？

確立你的目標可能是不容易的，它甚至會包含一些痛苦的自我考驗。但無論要花費什麼樣的努力，它都是值得的，因為只要你一說出你的目標，你就能得到許多好處。這些好處幾乎會自動地到來——

1·第一個巨大的好處就是你的下意識在心理開始遵循一條普遍的規律，進行工作。這條普遍的規律就是「人能設想和相信什麼，人就能用積極的心態去完成什麼。」如果你預想出你的目的地，你的下意識就會受到這種自我暗示的影響。它就會進行工作，幫助你到達那兒。

2·如果你知道你需要什麼，你就會有一種傾向：試圖走上正確的軌道，奔向正確的方向。於是你就開始行動了。

3·現在，你的工作變得有樂趣了，你因為受到激勵而願意付出代價，你能夠預算好時間和金錢了，你願意研究、思考和設計你的目標。你對目標思考得愈多，你就會愈熱情，你的願望也就變成熱烈的願望。

4·你對一些機會變得很敏銳了。這些機會將會幫助你達到目標。由於你有了明確的目標，你知道你想要什麼，你就很容易察覺到這些機會。

這四種好處可以用愛德華·包克早期的經歷來說明。包克後來成了《婦女家庭》雜誌的編輯。包克小時候就沈浸在一種想法中：總有一天他要創辦一種雜誌。由於他樹立了這個明確的目標，他就能夠抓住一個機會，這個機會實在是微不足道的，以致我們大多數人都會任其過去，不屑理睬。

事情是這樣的：他看見一個人打開一包紙烟，從中抽出一張紙條，隨即把它扔到地上。包克彎下腰，拾起這張紙條。那上面印著一個著名女演員的照片。在這幅照片下面印有一句話：這是一套照片中的一幅。烟草公司敦促買烟者蒐集一套照片。包克把這個紙片翻過來，注意到它的背面竟然完全是空白。

像往常一樣，包克感到這兒有一個機會。他推斷：如果把附裝在烟盒子裡的印有照片的紙片充分利用起來，在它空白的那一面印上照片上的人物的小傳，這種照片的價值就可大大提高。

於是，他就走到印刷這種紙烟附件的公司，向這個公司的經理說明他的想法。這位經理立即說道：「如果你給我寫一百位美國名人小傳，每篇一百字，我將每篇付給你十美元。請你給我送來一張名人的名單，並把它分類，你知道，可分為總統、將帥、演員、作家等等。」

這就是包克最早的寫作任務。他的小傳需要量與日俱增，以致他得請人幫忙。他於是要求他的弟弟幫忙，如果他弟弟願意幫忙，他就付給他每篇五美元。不久，包克還請了五名新聞記者幫忙寫作小傳，以供應這些印刷公司。包克竟然成了編輯者！

你本身具有成功的條件

要注意到這個事實：沒有什麼人用大盤子把成功送給我們所談到任何獲得了成功的人。起初，世界對包克或庫柏並不特別親切。然而他們每個人都做出了令人滿意的事業。每個人都是透過選擇他所發現的、他本身所固有的許多才能，而做到了這一點的。

有趣的是注意到這個事實：人生絕不會使我們走投無路。如果人生交給我們一個問題，它也會同時交給我們處理這個問題的能力。當我們受到激勵去應用我們的能力時，我們的能力就會變化。即使你處於不良的健康狀態中，你仍然能過著對社會有用的幸福生活。

你也許以為不健康是一個不能克服的巨大障礙。如果你確是這麼想的，你可以從米羅·瓊斯的經歷中獲得勇氣。

積極的心態能吸引財富

當瓊斯身體很健康時，他工作十分努力。他是農民，在美國威斯康辛州的福特·亞特金遜附近經營一個小農場。但他好像不能使他的農場生產出比他的家庭所需要多得多的產品。這樣的生活，年復一年地過著，突然間發生了一件事——

瓊斯患了全身麻痺症，臥床不起。他已處在晚年，幾乎失去了生活能力。他的親戚們都確信：他將永遠成為一個失去希望、失去幸福的病人。他可能再不會有什麼作為了。然而，瓊斯確實有了作為。他的作為給他帶來了幸福，這種幸福是隨他事業的成就和經濟的成功而俱來的。

瓊斯用什麼方法創造了這種變化的呢？他應用了他的心理。是的，他的身體是麻痺了，但是他的心理並未受到影響。他能思考，他確實在思考，在計畫。有一天，正當他致力於思考和計畫時，他認識了那個最重要的活人和他的法寶。

就在其時其地，他做出了自己的決定……

瓊斯要發展積極的心態。他要滿懷希望，抱樂觀精神，培養愉快情緒，從他所處的環境，把創造性的思考變為現實。他要成為有用的人。他要供養他的家庭，而不要成為家庭的負擔。

他把自己的計畫讀給家人聽——

「我再不能用我的手勞動了，所以我決定用我的心理從事勞動。如果你們願意的話，你們每個人都可以代替我的手、腳和身體。讓我們把我們農場每一畝可耕地都種上玉米。然後我們就養豬，用所收的玉米餵豬。當我們的豬還幼小肉嫩時，我們就把牠宰掉，做成香腸，然後把香腸包裝起來，用一種品牌出售。我們就可以在全國各地的零售店出售這種香腸。」他低聲輕笑，接著說道：「這種香腸將像西點一樣出售。」

這種香腸確實像西點一樣出售了。幾年後，「瓊斯小豬香腸」竟成了家庭的日常用語，成了最引起人們胃口的一種食品。

瓊斯活著看到他自己成了百萬富翁。透過積極的心態，瓊斯還取得了比這更大的成就，那就是把他的法寶翻到了「積極的心態」那一面。這樣，雖然他在生理上遇到了重重障礙，他卻成了一個愉快的人。

幫助你改變你世界的公式

並非每個人都面臨著十分巨大的困難，然而每個人都存在著若干問題。每個人都能透過暗示讓激勵標誌起作用。一種最有效的形式就是有意記住一句自我激勵語句，以便在需要的時候，這句話能從下意識心理閃現到意識心理——**「我激勵你！」**

那麼，能夠幫助你改變你的世界公式是什麼呢？要記住！去理解，並在一整天中時常重複地想著：人的心理所能設想和相信的東西，人就能用積極的心態去取得。這是自我暗示的一種形式，是取得成功的一句自我激勵語。

威廉·丹福斯是美國密蘇里州東南地區某農場的一個有病的孩子。他在小學裡遇到一位優秀的老師，這位老師鼓勵小威廉·丹福斯去改變他的世界。老師用挑戰的方式鼓勵他：「我激勵你！我激勵你成為學校中最健康的孩子！」

「我激勵你！」成了威廉。丹福斯一生自我激勵的語句。

他果真變成了學校中最健康的孩子。他在八十五歲逝世之前，幫助了數以千計的青年獲得良好的健康，他還幫助他們立志高尚，做事剛勇，服務謙遜。在他漫長的事業中，他絕未因生病而損失一天。

「我激勵你！」激勵著他建立了美國最大的公司之一——若爾斯通·培里拉公司；「我激勵你！」我激勵他從事創造性的思考，把負債轉化為資產；「我激勵你！」激勵著他組織美國青年基金會——它的目的是訓練男女青年獨立生活的能力。

「我激勵你！」激勵著威廉·丹福斯寫了一本書，名叫《我激勵你！》直到今天，這本書正在激勵著無數的男人和婦女們，勇敢地把這個世界改造成為更好的住所。

威廉·丹福斯作了多麼好的一個證明啊！可見，一句自我激勵語有力量幫助人們發揮積極的心態！

你自己曾經禁不住責備世界應對你的失敗負責嗎？如果這樣，你就該暫停這種想法，再行考慮一下。你要想想你的問題該由世界負責呢，還是該由你自己負責？

3 清除你思想上的蛛網

用積極的態度，指揮你的思想，控制你的情緒，掌握你的命運！

你經常在思考……但是，你在思考什麼呢？你的思考過程是很有條理的嗎？你的思考直率到了怎樣的程度呢？

你的思想是很清潔的嗎？幾乎每個人的思想，甚至最光輝的思想，都籠罩有某種蛛網。這種蛛網就是消極的情感、情緒、激情，具體表現為某種不良的習慣、信條和偏見。我們的思想常常在這些蛛網中變得纏結不清。

有時我們養成了令人討厭的習慣，我們想要改正它。有時我們受外力強烈的引誘去做壞事，於是我們就像蛛網所捉住的昆蟲一樣，掙扎著去爭取自由。

一隻昆蟲可能被蛛網捉住。昆蟲一旦陷入困境，就不能解放自己。然而，每個人都可以絕對的、天生的控制一樣東西，這東西就是心態。我們能夠避免心理上結蛛網，也能夠清除這種蛛網。當我們一旦陷入網中時，我們仍然能從中解脫，獲得自由。

為了實現這一點，你可以運用正確的思考，採用積極的心態。正確的思考是本書所揭示的十七條成功原則之一。

為了進行正確的思考，你必須應用推理的方法。討論推理或正確思考的科學，叫做邏輯學。人們可以從書本上學習邏輯學，特別是從論述這門學科的專著上去學習。

我們不能只憑推理就採取行動

根據普通常識而做出行動勝過僅僅依靠推理做出行動。行動決定於思想習慣、行動習慣、直覺、經驗和其他一些因素（諸如環境）的影響。

我們的思想蛛網之一便是：認定我們的行動只是根據推理，而實際上每種有意識的行動都不過是我們在做我們想要做的事。

公元前三十一年，一位住在愛琴海海濱一個城市的哲學家，想要到伽太基去。他是一位邏輯學教師。因此他就凝思苦想贊成和反對這次航海的各自不同的理由，結果他發現他不應該去的理由比應該去的理由更多：他可能暈船；船很小，風暴可能危及他的生命；海盜乘著快艇正在海上等待著捕獲商船，如果他的船被他們捕捉住了，他們就會拿走他的東西，並把他當奴隸賣掉。這些判斷表明他不可做這次旅行。

但是，他去了這次旅行。為什麼？因為他想——

事情往往是這樣的：在每個人的生活中，情緒和推理都應該是平衡的，其中任何一種都不能總是處於控制地位。你所想要做的事，儘管在推理上是有些恐懼的事，有時也是好的。至於這位哲學家，他卻去做了一次最愉快的旅行，並且安全歸來。

蘇格拉底（公元前四六九～前三九九）是偉大的雅典哲學家、歷史上卓越的思想家之一。他的思想上也有蛛網。蘇格拉底年輕時愛上了贊西佩。她很美麗，而他長得其貌不揚。但蘇格拉底很有說服力，有說服力的人似乎都有能力獲得他所想要獲得的東西。蘇格拉底成功地說服了贊西佩嫁給他。

然而，度過蜜月之後，蘇格拉底並非過得很好。他的妻子開始看他的缺點。他為自我主義所激勵。據稱，蘇格拉底曾說：「我的生活目的是和人們融洽相處。我選擇贊西佩，因為我知道如果我能和她融洽相處，我就能和任何人融洽相處。」

那就是他所說的話，但是他的行為卻不是那樣的。問題在於：他力圖和許多人而不是少數人融洽相處。當你像蘇格拉底那樣，總是試圖證明你所遇到的人都是錯的，你就在排斥而不是吸引人們。

然而，他說他忍受贊西佩的嘮叨責罵是為了他的自制。但他如果要發展真正的自制，可取的道路是努力了解他的妻子，並用他當年說服她嫁給他的同樣的體諒、關心以及愛的表現去影響她。他沒有看見自己眼中的「橫樑」卻看到了贊西佩眼中的微塵。

當然，贊西佩也不是無可指責的。蘇格拉底和她正像今天許多丈夫和妻子一樣生活著。過去他們使用令人愉快的個性和心態，以致他們的求愛時期成了十分幸福的經歷。後來他們都忽略了繼續使用這種個性和心態。忽略也是一種心理蛛網。

那時蘇格拉底沒有讀過本書。贊西佩也沒有，如果她讀了本書，她就該懂得如何去激勵她的丈夫，以便使得他們的家庭生活幸福。她可能會控制住自己的情緒，並且細膩地體貼丈夫。蘇格拉底的故事證明，他只看見贊西佩眼中的微塵。

我們將為你講另一個青年的故事，他學會了看見自己眼中的「橫樑」。但在我們介紹他之前，讓我們看看嘮叨責罵是如何發突起來的。

你明白：當你知道問題的癥結時，你就常常能避免這種問題。

自我暗示的作用

早川在自我暗示的作用《思想和行動的語言》中寫道：為了醫治她丈夫的毛病（她相信那是她丈夫的毛病），妻子可能會嘮叨不休地責備他。他的毛病就變得更惡劣，而她也就責罵得更凶。由於她對丈夫的缺點老是採取固定不變的反應，她就只能用一種方式對付這個問題。她使用這個方式愈久，這個問題也就變得愈糟，他們的婚姻就會毀壞，他們的生命也會粉碎。

那麼，這個年輕人怎樣呢？在他參加「成功學——積極的心態」的講座的第一天晚上，老師就問他：「你為什麼參加這個講座呢？」

「由於我的妻子！」他答道。許多學生笑了，但是教師卻沒有笑。他從經驗中知道有許多不愉快的家庭是由於夫婦一方只看到對方的過失，而看不到自己的過失。

四個星期以後，在一次私人談話中，教師詢問這位學生：

「現在你的問題處理得怎麼樣了？」

「我的那個問題已經解決了。」

「那就太好了！你是怎樣解決問題的呢？」

「我學會了：當我面臨對別人的誤解問題時，我首先從檢查自己開始。我檢查了我的心態，發現那都是些消極的東西。可見我的問題並非真正是由於妻子引起的，而是由於我自己引起的。解決了我的問題，我對她就不再有問題了。」

假如蘇格拉底對他自己說：「當我面臨對贊西佩的誤解問題時，我必須首先從檢查自己開始。」那麼，會發生什麼情況呢？

如果你對你自己說：「當我面臨一個包含對另一個人的誤會的問題時，我必須首先從檢查自己開始。」那麼會發生什麼情況呢？你的生活會是一種更幸福的生活嗎？

但是，還有許多別的蛛網阻礙我們獲得幸福。說來奇怪，阻礙最大的一種蛛網是表現思想的工具本身——語言。正如早川在他的書中所說，語言是符號。你會發現一個單詞的符號對你能夠意味著無數的觀念、概念和經驗相結合的總和。當你繼續閱讀本書時，你將懂得透過這種語言符號，下意識心理會及時與意識心理相通。

你可以用一個詞激勵別人行動起來。當你對別人說：「你可以做到！」時，這就是暗示。當你對自己說：「我可以做到！」時，你便是用「自我暗示」來激勵你自己。

但是這些普遍的真理，將在下章中作進一步的闡述。首先讓我們認識到一門完整的科學——語義學——已經圍繞著關於詞和透過詞交流概念的重要發現而發展起來了。

早川是這方面的專家。他囑咐我們：在正確的思考過程中，必不可少的事是查明一個詞在另一個人的嘴上，或者在你自己的嘴上，真正意味著什麼。

但是，一個人怎樣才能真正做到這一點呢？

彼此的想法要十分明確，這樣就可避免許多不必要的誤會。

錯誤的邏輯

一個九歲男孩的叔叔暫住在這孩子家裏。有天晚上，當父親回到家的時，叔叔和哥哥告了狀，於是這對父子以及叔叔三個人進行了下面的一段對話——

「你認為一個說謊的孩子怎麼樣？」

「我知道我的兒子不會說謊話，這是千真萬確的事。」

「他今天說了謊。」

「兒子，你今天對叔叔說了謊嗎？」

「沒有，爸爸。」

「讓我們把這件事澄清。你的叔叔說你說了謊，你說你沒有。你老實說，究竟發生了什麼事情？」父親問道，然後轉向孩子的叔叔。

「好，我要他把玩具拿到底層去。他沒有做這件事，而他卻說他做了。」叔叔說。

「兒子，你把你的玩具拿到底層了嗎？」

「是的，父親。」

「兒子，你的叔叔說你沒有把你的玩具拿到底層，你說你拿去了。現在你怎樣解釋這件事呢？」

「從第一層到底層有若干階梯。向下四個階梯便是一個窗戶……我把玩具放在窗檻上……『底層』就是地板和天花板之間的距離。我的玩具是在底層！」

叔父和侄子彼此爭論「底層」這個詞的定義。這個孩子或許懂得他的叔父指的是什麼，但是他根本不想走完從樓上到樓下這段距離。當孩子面臨著懲罰的時候，他企圖使用邏輯來證明他的論點，以拯救自己。

有時，我們對同一個問題，可先後得出兩個完全不同的結論。每一個結論都是不同的前提。當你從一個錯誤的前提出發時，蛛網就會干擾你正確的思想，使你得出一個錯誤的結論。斯通有一段很有趣的經歷，他描述這個經歷如下——

我小時候很喜歡吃青蛙腿。但有一天在一個餐館裏，服務員給我端來了味道不佳的粗大的青蛙腿，我就不喜歡它們了。從那時起，我就不愛吃青蛙腿了。

幾年以後，我在肯塔基州東北的露意斯維爾城的一個高級餐廳的菜單上看到了青蛙腿，我就同服務員談了起來：

「這些是小青蛙腿嗎？」

「是的，先生。」

「你有把握嗎？我不喜歡大青蛙腿。」

「是的，先生！」

「如果它們是小青蛙腿，那就十分合我的口味。」

「是的，先生！」

當服務員上這道菜時，我看見的仍是粗大的蛙腿。

我被激怒了：「這明明不是小蛙腿啊！」

「這些是我們所能找到的最小的蛙腿啊！先生。」

現在，我寧願吃這種蛙腿，而不願老是鬱積不滿，我甚至非常喜歡這種蛙腿！

我學到了邏輯學上的一課。

在分析這件事的過程中，我認識到我對於大小蛙腿的優缺點的結論，是基於錯誤的前提。不是蛙腿的大小決定它們有無味道。問題是由於這個事實：我以前所吃的粗大蛙腿並不是新鮮的。我錯誤地把蛙腿失去味道，與大、小而不是腐敗聯繫到一起去了。

現在我們可以看到：當我們從錯誤的前提出發時，蛛網就會阻礙正確的思考。所以，當許多人允許總括性的詞彙凌亂地堆積在他們的心裡作為錯誤的前提時，他們就會想得不正確。屬於這類詞彙的詞或詞組如：總是、僅僅、絕不、沒有什麼、沒有人、每個、不能、不可能、既不是……也不是等等，都是最常見的錯誤前提。因此，許多人輕率地應用這些詞彙時，他們的邏輯結論就會是錯的。

需要與積極的心態能激勵你取得成功

有一個詞，當人們用積極的心態去應用它時，它就能激勵人取得成功。當人們用消極的心態去應用它時，它就會變成說謊、欺騙和欺詐的藉口。這個詞就是「需要」。「需要」是成功之母和罪惡之父。

「正直」是一種神聖的標準，是一切有價值的成就的主要標準，並且是積極的心態之不可缺少的一部分。

你將在本書中讀到許多成功的故事，這些故事中的人們都受到了「需要」的激勵。在每一個故事中，你都會發現這些人在取得成就時都沒有違背「正直」為人的準則。

布拉克斯登是美國北卡羅萊納州懷特維爾城人，他的父親是一位勤奮的鐵匠，有十二個孩子。他是第十個孩子。

「所以你可以說……」布拉克斯登先生說：「我在很小的時候就熟悉了貧窮。憑著艱辛的工作，我好不容易才得以讀完了小學六年級。我曾經給人擦皮鞋，送貨，賣報，在針織廠勞動，擦洗汽車，充當技工的助手。」

當布拉克斯登成了一名技工的時候，他結婚了，和妻子一起過著節衣縮食的生活。後來他失業了，完成了一幅失敗的圖景。他的房子將被人取奪走，因為他無力償付抵押貸款。這似乎是一個絕望的境況。

但是，布拉克斯登是一個有能力的人。他從朋友那裏借到一本書，名叫《思考致富》。這位朋友在經濟蕭條期間，失去了工作和家庭，就是受了《思考致富》的激勵之後，他彌補了他的財富。

他把《思考致富》讀了又讀。他在尋求經濟上的成功。他對自己說：「似乎有一件什麼事我必須去做。我必須增加些什麼東西。我所必須做的第一件事就是發揚我的積極心態，以便能利用我的能力和機會。我必定要選擇一個明確的目標。當我確立目標時，我必須提出比過去更高的要求。但我必須儘快地開始。我要從我所能找到的第一件工作開始。」他就去尋找工作，他找到了一件工作。這件工作開始時付酬不多。

但是在布拉克斯登讀了《思考致富》之後並沒有很多年，他就組織了懷特維爾市第一國民銀行，並成了該行的總經理，他又被選為懷特維爾市的市長，並且開辦許多成功的企業。你看：布拉克斯登過去是在力爭上游，實際上他訂的目標是很高的。

布拉克斯登從失敗到成功的經歷在這兒是不重要的。重要的是：「需要」應當激勵著一個人採取積極的心態去行動，又不違背公認的神聖準則——正直。誠實的人是不會由於「需要」而進行欺詐、欺騙或偷竊的。誠實是積極的心態所固有的。

下面要談到一個犯人的情況，請把這個人同抱著消極態度的其他成千上萬的犯人作一對比，他們由於偷盜、侵吞或其他罪惡而被監禁。當你問他們為什麼要偷竊呢？他們的回答幾乎一成不變都是：「我不得不！」他們允許自己不誠實，因為他們思想中的蛛網使得他們相信「需要」迫使一個人變得不誠實。

幾年前，拿破崙·希爾在喬治亞州首府亞特蘭大市聯邦監獄裏做過教育工作，那時他對阿爾·卡朋作過幾次滿懷信心的談話。

有一次，希爾問卡朋：「你是怎樣開始犯罪生活的？」

卡朋只用一個詞答道：「需要。」接著他的眼睛流出了眼淚，哽咽了。

他開始敘述他所做過的一些好事，這些好事在報紙上從未講到過。當然，這些好事同加在他頭上的壞事比較起來，似乎就沒有什麼意義了。

那個不幸的人浪費了他的生命，毀壞了他的寧靜心理，患了致命的疾病，暗害了他的身體，以致在他所走過的道路上撒下了恐怖和災難——這一切都是由於他沒有學會清除他思想上的「需要」蛛網。

卡朋談他的善行，是為了暗示他的善行可以在很大程度上補償他所做過的錯事，這就清楚地表明他的另一種蛛網在阻礙他進行正確的思考。一個罪犯要想抵消他的罪惡就只有真誠地懺悔，接著做一輩子的好事。卡朋不是這樣的人。

但是有這樣的人。他是一個十多歲的「問題兒童」。然而他的母親絕不失望，即使許多特地為她的兒子祈禱的人似乎並沒有得到任何回報，也不管她的兒子怎樣胡作非為或如何惡劣，而她絕不失去信心。

奧古斯丁的故事

這個十多歲的「問題兒童」不服從他的雙親和教師、說謊、欺詐、偷竊、賭博、荒淫無恥。然而由於他的母親不斷地熱忱地懇求他改正他的行徑，他努力發現了他自己。有時他認識到受教育不多的人還能抵制他認為自己無力抵制的引誘，便覺得滿臉慚愧，因為他是受了教育的。

他在對自己的鬥爭中失敗了許多次，但有一天他贏得了勝利。正在他悔恨期間，正當他痛心疾首地譴責自己的時候，有一次他無意中聽到兩個人在談話，其中有一個聲音說：「振作起來讀書！」

他伸手取到緊挨著身邊的一本書，讀道：「讓我們誠實地行事，並且要始終如一，而不是在暴亂和酒醉中，不是在禁閉和恣意胡為中，也不是在爭吵和嫉妒中行事。」

而常會發生這樣的情況：一個人同自己進行個人的戰鬥遭受嚴重的失敗之後，他可能就在那時下了決心。他可能萌生極為熱情和誠懇的悔恨，以至於他一受到激勵就立即採取行動，並透過堅毅的意志做出必要的改變，使他在完全勝利的道路上穩定地邁進。

這個青年做出了他的最終決定，心情就平靜下來了。他克服了那些罪惡，也發展了深謀遠慮的精神。他後來所取得的成就可以證明這一點。由於他過去的為人以及他轉變後的為人，人們認為他對於一般人甚至無希望的人都發生了最強有力的影響，並且給了他們無限的希望。他的名字是奧古斯丁（三五四～四三〇，早期基督教會的領袖）。

你看到了我們給你所指出的幾種心理上的蛛網。其中有下列一些——

1．消極的感情、情緒、激情、習慣、信條和偏見。
2．只看到別人眼中的「橫樑」。
3．由於語義上的誤解所生成的爭論和誤解。
4．由於虛假的前提而做出的虛假結論。
5．把概括一切的限制性的詞或詞組作為基本或次要的前提。
6．「需要」迫使人做出不誠實的想法。
7．不清潔的思想和習慣。
8．擔心應用心理的力量是瀆聖的。

這樣，你就可看到蛛網有許多種——有些是細小的，有些是巨大的；有些是脆弱的；有些是結實的。然而，如果你把你自己的蛛網再列一張表，然後仔細檢查每個蛛網的各條蛛絲，你就會發現它們都是由消極的心態組成的。

你把它們考慮一會兒，然後你會發現由消極的心態所組成的最強有力的蛛網就是惰性蛛網心惰性會使你無所作為；如果你轉向錯誤的方向，它就會使你不去抵抗或不想停止。你就會繼續前進，向下滑去。

惰性的結果是愚昧無知

一件事對於不知事實或缺乏實際知識的人來說，似乎是合邏輯的；對於知道事實或具有實際知識的人來說，就可能是不合邏輯的了。當你在做決定的時候，如果你不肯保持開朗的心胸去學習真理，那就是愚昧無知。消極的心態會在愚昧無知的基礎上不斷地生長和茁壯。祛除它吧！

4 你勇於探索自己的心理力量嗎？

一天又一天，在各方面皆存著積極的心態，我變得愈來愈好。

人的心理具有一種神祕的力量，要敢於探索你的心理力量。為什麼要探索心理力量呢？因為，它能夠幫助你——

1．終身獲得生理健康、心理健康、道德健康、幸福和財富。
2．在你所選擇和從事的事業中取得成功。
3．得到一種方法，用於應用其他一切已知或未知的力量。

要學會應用心理力量，這對你不會是很困難的，不會比你第一次轉動電視機的旋鈕更困難。一個小孩都會按電視機的開關，以選擇他喜愛的節目。他這樣做時，既不知道電視機的內部結構，也不知道有關的技術。但這不要緊的，孩子們所要知道的一切無非是如何正確地使用按鈕。

你能在本章中了解到你如何能「正確地轉動開關按鈕」，以獲得想要的東西。雖然這種特殊的機器是上帝崇高的手工製品，但你卻擁有它。這種機器有許多組成零件，而每一零件本身就是一種電子結構，就是一個電的奇蹟。它能發生、接收、記錄和傳送各種能量。

你所擁有的這種奇妙的機器是什麼呢？那就是你的身體；那個電的奇蹟又是什麼呢？就是你的大腦和你的神經系統。你的身體正是透過大腦和神經系統而受到控制，你的心理也是透過它們而發揮功能的。

你的心理也有兩個零件，一個叫做意識心理，另一個叫做下意識心理。它同時產生，並在一起工作。科學家們已經研究了許多關於意識心理的知識，然而，儘管原始人很早就有意地應用神祕的下意識力量，甚至今天澳洲的土著以及其他原始民族應用這種神祕的下意識力量已達到了很高的程度，但自從我們開始探索下意識的未知廣闊領域以來，還不到一百年。

我們現在就開始探索吧！

畢爾的新發現

讓我們來看看澳大利亞辛得立城的畢爾・麥克考爾是怎樣從失敗和挫折中走向成功的。畢爾在十九歲時開辦了一個經營獸皮和皮革的商店，不久他破產了。但挫折似乎並沒有壓倒這個年輕人，反而更加激勵了他。不久他開始尋找取得成功的新方法。

畢爾亟欲致富，他認為他能在勵志的書籍中找到獲得財富的方法，於是就到圖書館裡尋找有關的書籍。在那兒他發現了一本叫做《思考致富》的書，不禁欣喜若狂。他將它借到手，讀了一遍又一遍。但讀了三遍後，他還不能準確地理解世界大財團們是如何獲得財富的。

「當我第四遍閱讀《思考致富》的時候，一天我到一條商業大街上優閒地漫步。事情就在這時候發生了，它是突然發生的。我佇立在一個肉類市場的櫥窗的前面，向上仰望。就在那一瞬間，我得到了一個一閃而來的勵志方法。」他笑起來繼續說：「在大聲宣稱：『那就是它！我已得到了它！』我的感情爆發了連我自己都感到大為吃驚。從我身旁經過的一位婦女也停下來吃驚地看看我。我懷著新發現，匆匆忙忙地趕回家。」

至此，他對希爾嚴肅地說：「你看，我正在讀第四章《自我暗示》，這一章的副標題是『影響下意識心理的方法』。現在我還記得：當我還是個孩子的時候，我的父親曾經高聲朗讀過愛米爾・柯艾的小冊子《自我掌握運用自覺的自動暗示》。正是你在你的書中指出：如果愛米爾・柯艾成功地幫助個人運用自覺的自動暗示克服了疾病，恢復了健康，那麼，一個人也就能運用自動暗示獲得財富或其他任何東西。我的偉大的發現就是『運用自動暗示致富』。對我來說，這是一個新的概念。」

接著，畢爾講述了他對這個新概念的理解。

「你知道：自覺的自動暗示是控制性的機構，個人可以透過它自願地把他的下意識心理灌注到創造性的思想中，或者由於疏忽而允許破壞性的思想找到了道路，進入他心中富裕的花園。」

「當你每天有感情地全神貫注地高聲朗讀兩遍從幫助你致富的書中抄下來的語句時，你就能使得你所想望的目的同你的下意識心理直接相通了。重複這個過程，你還會自覺自願地形成思想習慣。這對你努力把願望轉變為現實是有好處的。」

「在應用自動暗示的原則時，要把心力集中於某種既定的願望上，直到這種願望成為熱烈的願望。那次我從街上氣喘吁吁地跑回家時，我立刻坐到飯廳桌旁寫道：我確立的主要目標是到一九六〇年成為百萬富翁。」他仍注視著希爾說：「你說一個人應當把他所想要獲得的金錢的數量規定得十分明確，並定下日期。我照辦了。」

現在和我們在一起談話的人不是年輕的畢爾。他雖然在十九歲時失敗了，但是現在他卻成了著名的可尊敬的威廉·維·麥克考爾，是澳大利亞最年輕的國會議員，著名的辛得立城可口可樂子公司董事會前董事長，以及一家為二十二個家族所擁有的著名公司的董事，已成了百萬富翁。他成功的訣竅無非是學會了自我暗示法，並用以探索他的下意識心理力量。

你將注意到我們的「自我暗示」和愛米爾·柯艾所用的術語「自覺的自動暗示」是同義詞。麥克考爾提到：當他處在孩提時代時，他的父親已經從那個時代的書籍中得到一個偉大的發現，這個發現使他獲益匪淺。事實上每個人得到這個發現時也都能有效地應用它。

愛米爾·柯艾認識了自覺的自動暗示，因為他敢於探索人的心理力量。在他獲得這個偉大的發現之前，他應用催眠術來醫治他的病人的生理疾病。但在他獲得這個偉大的發現之後，雖然這個發現實際上是根據一個簡單的自然規律，他就拋棄了催眠術。

他是怎樣發現和認識這個自然規律的呢？

當愛米爾·柯艾發現了他向自己提出的問題的答案時，他就發現了這個自然規律。他向自己所提的問題和答案是——

問題1·能影響醫療的暗示是醫師的暗示呢，還是病人心理上的暗示？

答案是病人的心理能下意識或有意識地做出暗示，他自己的心理和身體對此暗示能起反應。如果沒有不自覺或自覺的自動暗示，外部的暗示是無效的。

問題2．如果醫師的暗示能激勵病人的內部暗示，為什麼病人不能對自己應用健康的積極暗示呢？為什麼他不能抑制有害的消極暗示呢？

對於他的第二個問題，答案很快就做出了：任何人，甚至小孩，都能受到教育，去發展積極的心態。方法是重複積極的肯定語句，例如：「一天天，在各方面，我過得愈來愈好。」

當死亡的大門即將打開時

美國每年有四十五萬以上的非婚子女出生，有一百五十萬以上的少年由於各種犯罪而進入感化院。這些人的悲劇在許多情況下都是可以避免的，如果——

一、父母學會了如何適當地應用暗示。

二、兒女被教以如何有效地應用精神上的自我暗示。那麼，這些年輕人就能受到激勵去發展不可違背的道德標準。他們會懂得如何用明智的辦法去抵消和排斥他們同伴的令人討厭的暗示。

當然，每個人在他的一生中對不自覺的自動暗示比對自覺的自動暗示更加經常地做出反映。在這樣的場合中，他對於習慣和內部下意識的敦促能做出反映。當一個具有積極的心態的人面對著一個嚴重的個人問題時，自我激勵語句就會從下意識心理閃現到意識心理去幫助他。在緊急情況中，特別當死亡的大門即將開啟的時候，這一點就顯得尤為真實。我們的「成功學」學習班的一個學生——澳大利亞昆士蘭省圖屋姆巴市的拉爾夫·魏伯納的情況就是這樣。

這是午夜一點三十分。在醫院的一間小屋裡，兩位女護士正在拉爾夫身旁守夜。在第一天下午四點半鐘時，一個緊急電話打到他的家裡，要他的家人趕到醫院來。當他們到了拉爾夫的床邊時，他已處昏迷狀態，這是嚴重心臟病發作的結果。那一家人現在都待在外面走廊上。每個人都呈現出著急的樣子，有的在擔心，有的在祈禱。

在這燈光暗淡的病房裡，兩位女護士焦急地工作看——每人各抓住拉爾夫的一隻手腕，力圖摸到脈搏的跳動。因為，拉爾夫在這整整六小時期間都未能脫離昏迷狀態。醫生已經做了他覺得他所能做的一切事情，然後離開了這個病房給其他病人看病去了。

拉爾夫不能動彈、談話或撫摸任何東西。然而，他能聽到護士們的聲音。在昏迷時期的某些時間裡，他能相當清楚地思考。

他聽到一位護士激動地說：「他停止呼吸了！妳能摸到脈搏的跳動嗎？」

回答是：「沒有。」

他一再聽到如下的問題和回答：「現在妳能摸到脈搏的跳動嗎？沒有。」

「我很好……」他想：「但我必須告訴她們。無論如何我必須告訴她們。」

同時他對護士們這樣近於愚蠢的關切又覺得很有趣。他不斷地想：「我的身體十分良好，並非即將死亡。但是，我怎樣才能告訴她們這一點呢？」

於是他記起了他所學過的自我激勵的語句：「如果你相信你能夠做這件事，你就能完成它。」他試圖睜開眼睛，但失敗了。他的眼瞼不肯聽他的命令。

事實上，他什麼也感覺不到。然而他仍努力地睜開雙眼，直到最後他聽到這句話：「我看見一隻眼睛在動——他仍然活著！」

「我並不感覺到害怕。」拉爾夫後來說：「我仍然認為那是多麼有趣啊！一位護士不停地向我叫道：『魏伯納先生，你在那裡嗎？……』她這個問題我要以閃動我的眼瞼來回答，告訴她們我很好——我仍然在世。」

這種情況持續了一段相當長的時間，直到拉爾夫透過不斷的努力睜開了一隻眼睛，接著又睜開另一隻眼睛。恰好這時候，醫生回來了。醫生和護士們以精湛的技術、堅強的毅力，使他起死回生了。

當拉爾夫處在死亡面前時，他記起了他從「成功學」學習班所學到的自動暗示。正是這個自動暗示拯救了他。

須知我們所讀的書和所想的思想，都能影響我們的下意識心理。另外也有看看不見的力量同樣起著強大的作用，這種不可見的力量可能是來自已知的生理原因，或者來自尚未了解的來源。在討論尚未了解的來源之前，讓我們用一個例子來說明已知的生理原因。這個例子自從伯卡德的《隱藏的說服者》出版以來，就成了普通常識。

這個例子中的故事首先出現於美國的報紙，後來轉載於各雜誌。讓我們談談曾經發表於各大雜誌的一個報告，這個報告的主題是「潛在的廣告」，它講到新澤西州一家電影院所進行的一次實驗。在這次實驗中，廣告信息迅速地閃現在銀幕上，致使觀眾不能有意識地了解它。

在六個星期中，光臨戲院的四萬多人不自覺地成了實驗的對象。這個實驗用特殊的方法，把兩則產品廣告的信息閃現在銀幕上，使它們不為肉眼所見。在六個星期的末了，實驗結果被列成了表：其中一種產品的銷售上升50%以上，另一種產品的銷售上升約20%。

這個方法的發明者解釋道：這些廣告信息雖然是不可見的，它們仍然對許多觀眾起了作用，因為雖然它們給人的印象飛逝而去，不能為觀眾有意識地記在心中，但觀眾的下意識心理卻有能力吸收這些印象。

既然這個實驗已經證明了下意識能幫助人們達到某種目的，那麼，如果把下面的自我激勵語句閃現在銀幕上，就會很容易地看到這些語句對觀眾會發生什麼有利的影響。

——一天天，在各方面，你正在變得愈來愈好！

——要有勇氣面對真理！

——人的心理所能夠設想和相信的東西，人就能用積極的心態去得到它。

——對於那些具有積極心態的人來說，每種災難都含有等量或更大利益的種子！

——你能夠做到這件事，如果你相信的話！

假定事先得到了觀眾的同意，把這些語句放映到電影銀幕上，就可能是一條發展積極心態的途徑。

不可思議的心理力量

維多利亞輪由船長克拉瑪領航，斯德哥爾摩輪由船長諾敦遜領航，兩輪在距蘭塔開特島約八十公里處相撞，致使五十人死亡。

當兩船相距十六公里時，斯德哥爾摩輪的雷達操作員看見了維多利亞輪。

一九五九年三月二十六日在距美國東部新澤西州海岸約三十五公里處，美德輪船公司豪華的山塔・羅莎輪與一艘油輪威爾琴輪相撞。四個水手死亡。二副威爾斯是山塔・羅莎輪的雷達操作員，他聲稱他已經標出了威爾琴油輪的兩幅航道圖。

人們調查了上述事件中造成兩輪碰撞的真實原因，但都未能得到令人滿意的解釋。難道是雷達儀器發出的電波造成了輪船相撞嗎？

也許有一個名叫施萊德的人可以找出答案。

施萊德是伊利諾斯州斯考基市人。他不但是催眠專家，而且還是無線電操作員和電子學工程師。

在第二次世界大戰中，施萊德在「敵友信息系統」中扮演了重要角色。他的工作就是監督每一艘船隻離開美國時是否裝上了雷達設備。他注意到雷達操作員有時會陷入恍惚狀態中，而當他們脫離了恍惚狀態時，他們並不知道自己曾經陷入過恍惚狀態中。

施萊德由於懂得催眠術和電子學，便得出結論：當雷達機器的電波與操作員的腦波同時發生時，雷達操作員才能專心致志地工作。根據這個理論，他發明了腦電波同步器，從而防止了雷達操作員恍惚狀態的出現。

現在讓我們向前更進一步，進入未知的領域：心理現象的動人領域，例如——

一、超感覺的知覺——能知道或反映一個外部事件或影響而不為感覺的方法所理解。這包括下列四項：

1．傳心術——思想轉移。

2．洞察力——能辨認尚未感覺到的事物的力量。

3．預見——能見到未來。

4．返見——能見到過去。

二、思想對事物的作用力——心理對事物的作用。

現在，讓我們面對現實，以普通常識探索未知。首先讓我們談談關於過去的事。

胡德生的名著《心理現象規律》在一八九三年出版時，成了暢銷書。這本書包含了許多由心理實驗報告所提出的動人的故事，打動了成千上萬的讀者。

從那時起，公眾對心理現象的興趣便突飛猛進了。但是許多人由於未作好適當的準備，一心想成為狂想的人，便害了自己。這也是由於這些人懂得了一點他們內心所產生的心理力量，從而發生了敬畏和奇妙的興趣。有些人的傾向是值得注意的，他們未受過適當的教育，他們的思想不成熟，不能調楚自己的感情，因而對這種具有魅力的學習並不覺得神魂顛倒。

我們很易於理解為什麼許多宗教領袖、科學家以及對人民福利負責的人，覺得研究心理現象乃是一種極為討厭的事。他們認為——

1．研究心理現象使人的想像變得狂暴，不能公正地對待人們。

2．研究心理現象似乎不能使人區別事實和虛構。

3．心理現象是由業餘愛好者和雜耍演員所作的催眠術，以及由騙子、宣傳工具和濫用公眾心理的庸醫所作的詭計和欺詐。

4．研究心理現象會把宗教的基本原則扭轉到導致罪惡的方向。

對他們來說，同心理現象聯結在一起的任何事情都變得很討厭了。因此，研究心理現象就成為一項禁忌。

然而，不顧危險、禁忌和社會上或職業上的放逐，仍然有一些勇敢的、可尊敬的、有豐富的普通常識的人在探索著真理。

但這是由於前公爵大學的約瑟夫．班克斯．萊茵博士在他的妻子露意絲的鼓勵和援助下，進行長期的勇敢的戰鬥，使心理現象的研究蒙上了體面的色彩。這是由於萊茵博士無瑕疵可尋的品格以及由於他三十年來根據數學定律控制實驗室的實驗。他的工作是困難的，因為自發心理現象不易發生於實驗室。這樣的心理現象常發生於人們最不盼望的時候，最常發生於一個人處於情緒緊張的時候，或者一個人懷有緊張而令人困擾的願望——常伴隨著親愛的人的死亡——的時候。

很明顯，今天任何作者論述到心理現象的題目時，都要提到萊茵博士和公爵大學，以便努力取得萊茵博士可尊敬的名義和保護，以使他自己的理論易於為人接受。我們也不例外。我們迫切建議：如果你有興趣做進一步研究，你可讀《心理的力量》以及其他由萊茵博士自撰或與他人合著的書籍。我們建議：讓萊茵博士做你的嚮導。

人們能夠成功地找到利用傳心術和洞察力的方式和方法嗎？我們對這個問題的回答如下：不久以前，人們還藐視下列的一些想法，在那時他們是不能相信這些想法的，在今天卻認為是理所當然的了——

1．物質可被轉變成能量，能量可被轉變成物質

2．原子的分裂

3．人造衛星

4．噴氣動力

5．日用必需品，例如電視

電腦的情況又怎樣呢？它的設計是根據人的計算機——人的大腦和神經系統。每一種電腦都是由具有積極心態的人們所構想和完成的。我們的結論是：

人的心理所能構思和相信的東西，人就能用積極的心態去完成它。

但是沒有一種機器或人的發明能像你所擁有的奇妙的人的計算機——你的大腦和你的神經系統——那樣具有電子活動的能力。

人不僅具有肉體，人還具有心理。

心理由兩部分組成：意識心理和下意識心理。

這裡我們已經特別強調了下意識心理的概念——它的已知和未知的能力和力量。那麼意識心理又怎樣呢？那是同樣的重要。你在下一章中將讀到它。

5 要探索更多的東西

你要像哥倫布一樣，並不恥於做個失敗者

你曾經誠懇地努力過——但仍然失敗了嗎？

也許你的失敗，是因為你要獲得比成功還重要更多的東西。歐幾里得的原理說：「整體的東西等於所有各部分的總和，而大於任何一部分。」這個原理可用來說明我們的問題。重要的是：你該把所有必要的部分加到整體上去。

消極的心態乃是造成失敗的主要原因。你可能了解一些事實、普遍的定律和力量。你可能懂得其中的許多東西，但是未能把它們應用於特殊的需要。你可能不懂得如何應用、控制或協調已知和未知的力量。

當你用積極的心態尋找成功時，你就會不斷地努力。你會不斷地尋求，以尋求到更多的東西。有些人一遇到挫折，就停止尋找更多的東西，終於失敗。

你要學習更多的東西和取得專業技能

曾經有一位作曲家，寫了一首歌，但得不到發表的機會。柯亨買了它，並給它加上了一點東西。這種「更多的東西」使柯亨獲得了一筆財富。他僅僅加了三個很小的詞：「Hip！Hip！Hoorary！（嗨！嗨！萬歲！）」

愛迪生做了一萬多次的實驗。在每次失敗之後，他都能不斷地去尋求更多的東西，直到找到了他要尋找的東西。當他所不知的東西變成已知的東西時，無數的燈泡就被製造出來了。

在萊特兄弟之前，許多發明家已經非常接近發明飛機了。萊特兄弟除了應用別人用過的同樣的原理外，還加上了更多的東西。他們創造了一種新型的機體，所以在別人失敗了的地方，他們卻成功了。那「更多的東西」是相當簡單的：他們把特別設計的可動的襟翼附加到機翼邊，使得飛行員能控制機翼，保持飛機平衡。這些襟翼是現代飛機副翼的先驅。

你會注意到：這些成功的故事都有一個共同的特點。在每個故事中，那隱祕的成分就是應用了先前未被應用的普遍規律。這就是成功與失敗的差別之所在。所以，如果你站在成功的門檻上而不能越過去，你就努力加上更多的東西。「更多的東西」並非需要很多。「嗨！嗨！萬歲！」這三個表示歡樂的詞，就是使得原先無人問津的歌曲成為最風行的歌曲的全部東西。在別人失敗後，襟翼就是使飛機得以起飛的東西。「更多的東西」的數量並不是重要的，而其「激勵人的質量」卻是起作用的。

在貝爾之前，就有許多人聲稱他們發明了電話。在那些取得了優先專利權的人中，有格雷，愛迪生、多爾拜爾、麥克多那夫、萬戴爾威和雷斯。雷斯是唯一接近成功的人。造成巨大差別的微小差別是一個單獨的螺絲釘。雷斯不知道如果他把一個螺絲釘轉動四分之一圈，把間歇電流轉換為等幅電流，那麼他就早該成功了。

跟萊特兄弟的事例一樣，貝爾所增加的「更多的東西」是比較簡單的。他把間歇電流轉換成等幅電流。這是能夠再生人類語言唯一的電流形式。貝爾能保持電路暢通，而不像雷斯，那樣間歇性地中斷電流。美國最高法院做出了如此的判決——

> 雷斯絕沒有想到這一點，他未能用電信的方式轉換語言。貝爾做到了這一點，所以他成功了。在這種情況下就不能堅持認為雷斯所做的東西是貝爾發明的前奏。支持雷斯就是失敗，支持貝爾才是成功。這兩者的差別僅僅是失敗與成功的差別。如果雷斯堅持下去，他就可能成功，但他停止而失敗了。貝爾從事工作，並把工作一直進行到取得成功的結果。

「沉默的長輩」鼓勵他成功

重型運土機的製造者納陶那，有次用鼓舞人心的談話激勵著數以千計的人。在這些談話中，他總是崇敬地提到「我的前輩」，以及他從這些「前輩」那兒得到的鼓勵和幫助。納陶那只受過很少的正式教育，但是他在工程上做出了偉大而驚人的功業。

納陶那在當內華達州胡佛大壩的承包人時，財運不濟，因為他遇到了幾處難以穿破的岩層，鑽穿這些岩層的費用超過他所預算的費用，所以他企圖在這筆交易中所實現的目的行將破滅。

但是納陶那並不深思他的損失，卻轉向祈禱，因為他還有健康的身體、強健的雙手和能思考的大腦，還有更多的東西。「在我最痛苦的時候……」納陶那說：「我發現了我的最大資產和一位沈默的長輩——奇妙的念頭和前人的知識。自此，我所擁有的一切和我所做的一切有價值的事，都歸功於他。」

希爾和納陶那往來達十八個月之久，因此，希爾有機會密切地觀察他。這時納陶那已成為一位著名的鼓舞人心的演說家。他用大部分時間，乘著他自己的飛機，遍遊全國各地，進行演說。一天夜裏，他和希爾在北加羅利納州做了一次演說，在他們飛回家的途中，發生了一件有趣的事。當飛機起飛後不久，希爾看見納陶那從衣袋裏拿出一個小筆記本，在上面寫了幾行字。飛機降落後，希爾問他是否記得他曾經在本子裏寫過字。

「啊，不記得！」納陶那叫道。他立即從衣袋裏掏出那個小本子，看看它。「就在這裏，幾個月來我一直在找這個本子！這兒有一個問題的答案，這個問題使我們不能完成正在研究的機器！」

當你得到一條一閃而現的奇思妙想時，請你立即把它記下來！這也許就是你正在尋找的「更多的東西」。

我們相信同「無限智慧」的交際是透過下意識心理進行的。你應當養成一個習慣：當一種奇思妙想從你的下意識心理閃現到你的意識心理時，你就該把它立刻記錄下來。

愛因斯坦發展了關於宇宙和自然規律的頭緒紛繁的深奧理論，然而他僅僅使用了最簡單的——卻又是人類曾經發明的最重要的工具——一支鉛筆和一張紙。他記下他的問題和答案。當你養成向自己提問題的習慣時，當你養成用鉛筆和紙寫下你的問題、觀念和答案的習慣時，你就會發展你的心理力量。

愛因斯坦和其他科學家如果沒有學習在他們之前的數學家和科學家所記錄下來的知識，是不可能成功的。愛因斯坦如果沒有養成和發揚思考和行動的習慣，然後又受到激勵去尋求宇宙的原理，也是不可能成功的。難道你聽說過世界上竟有並不隨時記下自己念頭的偉大思想家或成功者嗎？

向創造性的思想家學習創造性的思考！

巴頓、德斯汀和奧斯本等人成立了一個廣告公司。奧斯本著的《你的創造力》和《應用想像力》鼓舞了成千上萬的人去進行創造性的思考。同樣重要的是：這些人已被激勵去從事積極的、建設性的行動。思考必須徹底地伴隨著行動。

奧斯本像許多創造性的思想家一樣，把一個本子和一支鉛筆作為心愛的勞動工具。他每想到一個觀念，就把它記下來。他像其他有成就的偉人一樣，能花費時間從事思考、計畫和研究。

奧斯本道出了一個明顯的真理，他說：「每個人都有一些創造力，但是大多數人都沒有學會怎麼去應用它。」

奧斯本記錄突如其來的好主意的方法，在他的簡明讀本《應用想像力》中有所說明，在大學教室、工廠、商業辦公室、教堂、俱樂部以及家庭裏，都在應用它。這是一種很簡單的方法，用這種方法，兩個或三個以上的人可以發揮他們的想像力，結合一個具體的難題，提出一些想法，從而解決一個問題。參加的人一有什麼想法，就立刻把它記錄下來。到了許多想法都被記錄下來了時，就讓大家傳看和判別，從而做出決定性的判斷，決定它們的實用性和價值。

全美國許多大學，都講授創造性思想方面的全面課程，包括商業和工業領域的許多創造性的思想家所應用的方法。

正是這種創造性的思想使得蓋茲博士把這個世界美化成一個更適於生活的地方。蓋茲博士是一位偉大的美國教師、哲學家、心理學家、科學家和發明家。他一生中在藝術和科學的各方面做出了幾百種發明和發現。

希爾回憶了自己如何帶著安德魯・卡內基的介紹信到蓋茲的「追獵實驗室」去訪問蓋茲博士的情況。當希爾到達該地時，蓋茲博士的祕書告訴希爾：「我很抱歉，可惜我在這時無權讓人去打擾蓋茲博士。」

「妳看還要好久我才能見到他呢？」希爾問道。

「我不知道，可能要等三個小時。」她回答道。

「妳可否告訴我，妳為什麼不能打擾他呢？」

她猶豫了一會，答道：「他正在坐思意念！」

希爾笑道：「『坐思意念』是什麼意思？」

她也報以微笑，說道：「也許我們最好讓蓋茲親自解釋。我真的不知道要等多少時間，但是我們歡迎你等一等。如果你想換個時間來，我將為你做出安排。」

希爾先生決定等等。這是一個有價值的決定，他所學到的東西是很值得等待的。希爾先生談到下面所發生的事——

蓋茲博士終於來到了這個房間，他的祕書給我們作了介紹，這時我就開玩笑地對他說他的祕書所說過的話。他讀了卡內基寫的介紹信，然後問道：「你樂意看看我靜坐求索意念的地方以及我怎樣靜坐求索意念嗎？」

他領我走進一間小小的隔音室。這個房間裡僅有一張桌子和一把椅子。桌上放了幾本筆記本、幾支鉛筆和一個用以開燈和關燈的按鈕。

在我們的會見中，蓋茲博士解釋說，當他得不到問題的答案時，他就走進這個房間，關上門，坐下，熄燈，高度集中思想，控制注意力，要求他的下意識心理為他的特殊問題提供一個無論什麼樣的答案。有時意念似乎很難出現，有時意念卻會立即流進他的心裡。意念剛一結晶，他就打開燈，將它記下。

蓋茲博士完成了二百多件專利品，別的發明家也曾試圖這樣做過，但他們功敗垂成。蓋茲能加上缺少的成份——更多的東西。他的方法是先檢查這些專利品的使用情況和圖樣，直到發現它的缺點，即所缺少的「更多的東西」。他常常在這個房間裡集中思想以發現一個特殊難題的解法。

蓋茲博士在尋找「更多的東西」時，找到了集中思想來考慮問題的方法。他能用貫徹到底的積極行動去尋找他要的東西。在第七章中我們將討論怎樣「學會觀察」，以便更易於找到更多的東西。在尋找中你可能失敗，但是在失敗中你又可能成功。問問你自己：「為什麼？」並要善於觀察！要思考！開始行動！

我們相信：每個家庭都有一部《聖經》、一部綜合性的好辭典或一部百科全書。它們也可以幫助你找到更多的東西。

哥倫布不以失敗為恥

翻翻你的大英百科全書，你就會知道哥倫布那驚人的、激勵人心的故事。他曾在義大利北部城市帕維亞的帕維亞大學攻讀天文學、幾何學和宇宙誌、《馬可・波羅遊記》、地理學家的理論、海員的報告和傳說、由海外其他各國傳來的有關海事的藝術和技藝的著作——所有這些都激發了他的想像。

過了好幾年，他逐漸產生了一個堅定的信念：透過歸納的推理，世界是一個球體。透過演繹的推理，可知從西班牙向西航行能到達亞洲大陸，正像馬可・波羅向東航行，到達了亞洲大陸一樣。他懷著熾熱的心情想去證實他的理論。他開始尋找必要的財政後盾、船隻和人員，以便去探索未知的東西，尋找更多的東西。

他一開始行動了！他把心力始終貫注在目的上。在長達十年的時間內，他時常差一點就取得了必要的幫助。但是，這一切——國王的欺詐，人們的嘲笑、懷疑，政府下級官員的恐懼，還有一些人不講信用，他們原要幫助他，但在最後由於他們的科學顧問的懷疑，卻拒絕給予援助給哥倫布帶來了接踵而至的失敗。但他仍然不斷地努力。

到一四九二年，他終於得到了他堅持不懈地尋找和祈求的幫助。在那年八月他開始向西航行，打算前往印度、中國和日本。

你深知這個故事：哥倫布在加勒比海登陸以後，就帶著金子、棉花、鸚鵡、珍奇的武器、神祕的植物、不知名的小鳥和野獸以及幾個土人回到了西班牙。他認為他已到達了他的目的地，已經到達了印度以外的島嶼。但實際上他失敗了。他沒有到達亞洲。哥倫布雖然未能立即認識到這一點，但他卻發現了更多的東西，相當多的東西！

你，像哥倫布一樣，可能未能達到你的很高的主要目標；你，像他一樣，可能盡了很大努力，卻未能走進未知的領域，未能到達遙遠的目的地。但是，你可以發現更多的東西——等於兩個美洲財富的東西。你，像他一樣，可以鼓舞和指導那些追隨和協助你的人駛向正確的方向，在正確的航道上，繼續深入到未知，直至達到目的。你，像他一樣，能堅持不懈地用積極的心態去達到你所確立的主要目的，以便找到更多的東西。

你要像哥倫布那樣，不恥於做一個失敗者。

讀到這兒為止，你應當能夠從上面具體的說明中找出成功的原則，以使你能敘述、吸收和應用這個原則。我們同意美國海軍上將瑞柯福（H. G. Rickover）在他的書中所陳述的基本原則——

> 在我們所會見的青年工程師中，我們發現他們只有少數人受到了工程原理方面的徹底訓練，但是他們大多數人卻飽吸了大量的事實……事實比原理當然要容易學得多。但一種原理一旦被一個人所掌握，它就會成為這個人的一部分，而絕不會為人所丟失。它可以被應用到新奇的問題上，它不會在多變的社會中像一切事實那樣變成廢棄的東西。

學習原則，應用原則。如果你向著你的目標邁進，卻沒有取得很大的進展，那麼你就尋找更多的東西吧！它可以是已知的，也可以是未知的。但是，你總是可以找到它的，如果你用必要的時間從事研究、思考、計畫和尋求的話。

「應用普遍規律的力量」是十七條成功原則之一。

這個概念是易於理解的，因為它是我們所取的一個名稱，用以指我們所應用的任何自然的或宇宙的原則或規律。

「普遍規律的力量」可以簡單地定義為：你所知道的或不知道的普遍規律的應用。現在舉一個很易於理解的例子：一個物體落到地面上時，引力規律就被應用了。因此，如果你使一個物體從某一高處落下來，你便應用了普遍規律的力量。

這樣，原子分裂、每種發明、每個化學公式、每種心理現象——不管它是物理的、心理的還是精神的——都是應用自然規律的結果。

此外，人能思考。人正是透過思考才學會了如何應用普遍規律的力量。人的思考能把他所構想的東西變成現實。

這個概念是不難理解的，因為早在一九〇五年愛因斯坦就給予世界一個至今仍很著名的公式——$E=mc^2$（E表示能量，m表示質量或物質，c表示光速）。

這個公式說明了能量和物質的關係。當物質的速度接近光速的時候，我們就把物質叫做能量；當（能量的）速度降低到零的時候，它仍然是物質。

愛因斯坦的公式是普遍規律之一的文字符號。借助理解和應用這個公式，人們已經能把物質轉化成能量以及把能量轉化成物質，並能使原子能為建設服務，例如照亮全城，給船隻提供動力，甚至用於日常事務，發展熱能，為炊事服務。

現在我們可以看到：物質和能量是同樣東西，因此宇宙中一切東西都是互相聯繫的。這樣，我們在某種事物的基礎上尋求「更多的東西」是完全可能的。

6 你碰到一個難題，那很好！

如果你克服一個難題，就又向成功的階梯邁出一步了。

你碰到了一個難題？那很好！為什麼？因為你解決了一個個的難題，就是取得了一個個的勝利，這些勝利就是成功之路上的一個個階梯。每當你取得了一個勝利，你就增長了一些智慧。因此，你每碰到一個難題，就要用積極的心態去抓住它，解決它，從而使你成為更善良、更大度、更成功的人。

暫停一下，把這個問題思索一會兒。難道你會認為，在你的生活中，或者在歷史上任何人的生活中，能有一個事例可以說明真正的成就不是由於個人碰到了難題嗎？

任何人都有一些難題。這是由於你和宇宙中的一切都是處在不斷變化的過程中。變化是一條無情的自然規律。對你來說，重要的是：成敗決定於你的心態。

你能指揮你的思想並能控制你的情緒，從而能調整你的態度。你能選擇積極的態度或消消極的態度。你能決定你是否能影響、控制或協調你自身的或環境的變化。你能規定你的命運。當你用積極的心態去對付變化的挑戰時，你能機智地解決你所面臨的每一個問題。

你該怎樣應用積極的心態

如果你相信積極心態的力量，你就能有效地應用下面的公式去對付難題：

當你面對著需要解決的一個難題時，不管這個難題如何錯綜複雜——

1．要求聖哲給以引導，幫助找到正確的解決方法。

2．從事思考，以圖解決難題。

3．講述和分析這個難題，並給它下個定義。

4．熱情地對你自己說：「那很好！」

5．向你自己提出幾個特殊的問題，例如：「那個東西有什麼益處？」等等。

6．不斷尋找這些問題的答案，直至找到了至少一種能起作用的答案。

現在，廣泛地說來，你將遇到三種問題——

一、個人問題——情緒問題、經濟問題、心理問題、道德問題、健康問題。

二、家庭問題。

三、事業或職業問題。

由於個人問題是最直接的、最普通的問題，我們很樂意告訴你有一個人所遇到的這樣的問題。他曾遭遇人所能經歷到的幾個最嚴重的問題。當你閱讀這個故事時，你可以看到他是怎樣把積極的心態應用到解決每一個難題上，直到取得了最後的勝利。

這個人出身貧寒。他在讀小學時，曾在西雅圖濱水區靠賣報和擦皮鞋來接濟家庭。後來，他成了阿拉斯加一艘貨船的船工。十七歲時，他於高中畢業後就離開了家，加入了流動工人集團中。

他的同伴都是些倔強的人。他賭博，同下等人——所謂「邊緣人物」——混在一起。叛軍、逃亡者、走私犯、盜竊犯等都成了他的同伴。他參加了墨西哥潘瓊·維拉的武力組織。「你不接近那些人，你就不曾參與那些非法活動。」查理·華德說：「我的錯誤就是同這些不良的伙伴搞在一起。我的主要罪惡就是同壞人糾纏在一起。」

他時常在賭博中贏得大量的錢，然後又輸得精光。最後，他因走私麻醉藥物而被捕，受到審判並被判了刑。

查理·華德進入萊文斯監獄時是三十四歲。以前他從未入過獄，儘管他的獄友很糟。他遭受到磨難。他聲言任何監獄都無法牢牢地關住他，他尋找機會越獄。

但此時發生了一個轉變，使查理把消極的態度改變為積極的態度。在他的內心中，有某種東西囑咐他：要停止敵對行動，變成這所監獄中最好的囚犯。從那一瞬間起，他整個的生命浪潮都流向對他最有利的方向。查理・華德的思想從消極到積極的轉變，使他開始掌握自己的命運了。

他改變了好鬥的性格，也不再憎恨判他刑的法官。他決心避免將來重又犯下這種罪惡。他環視四周，尋找各種方法，以便他在獄中盡可能地過得愉快些。

首先，他向自己提出幾個問題，並在書中找到這些問題的答案。此後，直到他在七十三歲逝世的日子，每天他都要讀書，求索激勵、指導和幫助。

他的行為由於心態而有所不同，因而博取了獄吏的好感。一天，一個刑事書記告訴他，一個原先在電力廠工作的模範囚犯將要獲釋了。

查理・華德對電懂得不多，但監獄圖書館藏有關於電的書籍，他就借閱了一些。在那位懂得電學的囚犯的幫助下，查理掌握了這門知識。

不久，查理申請在獄中工作。他的舉止和言談語調都給副監獄長留下了深刻的印象，從中可以看出積極的心態所帶來的熱切和誠懇。他得到了工作。

查理・華德繼續用積極的心態從事學習和工作，他成了監獄電力的主管，領導看著一百五十個人。他鼓勵他們每一個人把自己的境遇改進到最佳的地步。

美國中北部明尼蘇達州首府聖保羅市「布朗比基羅公司」經理比基羅因被控犯了逃稅罪，進入了萊文斯監獄。查理。華德對他很友好。實際上，查理已越出了自己的處世範圍，他激勵比基羅設法適應自己的環境。比基羅先生十分感謝查理的友誼和幫助，他在刑期行將屆滿時，告訴查理：「你對我十分親切。你出獄時，請到聖保羅市來，我們將給你安排工作。」

查理獲釋出獄後，就來到了聖保羅市。比基羅先生如約給查理安排了工作，週薪為二十五美元。查理在兩個月之內就成了工頭。一年後，他成了一個主管。最後，查理當了副會長和總經理。比基羅先生逝世時，查理成了公司的董事長。他擔任這個職務直到逝世為止。

在查理的管理下，布朗比基羅公司每年銷售額由不足三百萬美元上升到五千萬美元以上，成了同類公司中最大的公司。

查理由於懷有積極的心態，極願幫助那些不幸的人。這樣他本人就得到了平靜的心情、幸福、熱愛和生命中有價值的東西。根據總統的命令他恢復了公民的權利，這是用以表彰他那模範性的生活。那些認識他的人對他極為崇敬，他們自身也受到了鼓舞努力去幫助別人。

也許他的最不平常和最值得表揚的事蹟，就是雇用了五百多位來自監獄的男女。他們在他嚴格而明瞭的指導和鼓勵之下，繼續在重新振作的大道上前進。他絕不忘記他曾經也是一個犯人，他戴著一個手鐲，上有一個標簽，刻有他在監獄時用的編號，作為一個標記。

查理・華德曾經被判刑入獄。那很好！為什麼？如果華德繼續往原來的方向奔去，誰知道他會變成什麼人啊！他在獄中學會了用積極的心態去解決他的個人問題，終於把他的世界改造成為適合生活的更好的世界。他變成了更有益、更善良的人。

幸而並非每一個人都面臨著像查理。華德所面臨的那樣嚴峻的問題。但是在查理的故事中，除去他把消極的態度改變為積極的態度這個事實之外，還有一個教訓。你可回憶起查理自己所說的：「我的最大錯誤是同不良的伙伴廝混在一起。」消極的態度往往有傳染性，而不良的習慣也有傳染性。讓我們每一個人都關懷自己的伙伴，幫助他們盡可能達到人生的最高水平。而且，你所能給予孩子們的最大服務之一，就是幫助他們去選擇良師益友。

當別人失敗了時，你只需要一個想法，跟一個行動……

把失敗轉變為成功，往往只需要一個想法，緊跟以一個行動。

芝加哥北密契根大道的一個地區現稱為「富麗里」。一九三九年，那裡的辦公樓群可說是日暮途窮了。一座座大樓只有空蕩蕩的地板。一座樓出租了一半就算是幸運的。這是商業不景氣的一年。消極的心態像烏雲一般籠罩在芝加哥不動產的上空。那時，你常可以聽到這樣一些論調：「登廣告毫無意義，根本就沒有那多餘的錢。」

然而就在這時，一位抱著積極心態的經理進入了這個景象陰翳的地區。他有一個想法，他立即行動起來了！

這個人受雇於西北互助人壽保險公司來管理該公司在北密契根大道上的一座大樓。公司是以取消抵押品贖取權而獲得這座大樓的。他開始擔任這件工作時，這座大樓只出租了10%。但不到一年，他就使它全部租出去了，而且還有長長的待租人名單送到他的面前。這其中有什麼祕密呢？新經理把無人租用辦公室作為一個挑戰，而不是作為一個不幸。我們訪問他時，他說明了他所做的事情——

我準確地知道我需要什麼。我要使這些房間能百分之百地租出去，在當時的情況下，要做到這一點是很難的。因此我要把工作做到萬無一失，必須做到下列五點：

一、要選擇稱心的房客。

二、要激發吸引力：給房客提供芝加哥市最漂亮的辦公室。

三、租金不高於他們現在所付的房租。

四、如果房客按為期一年的租約付給我們同樣的月租，我就對他現在的租約負責。

五、除此以外，我要免費為房客裝飾房間。我要雇用富有創造性的建築師和裝潢工人，改造我們大樓的辦公室，以適合每個新房客的個人愛好。

——我透過推理得到了這些結論：

一、如果一個辦公室在以後幾年中還不能出租，我們就不能從那個辦公室得到收入。我們到年底可能得不到什麼收益，但這種情況總不會比我們沒有採取任何行動時的情況更糟。而我們的境況應該轉好，因為我們滿足房客的需要，他們在未來的年份中會準時如數地交付房租。

二、而且，出租辦公室僅以一年為基數，這是已經形成了的習慣。在大多數情況下，房間僅僅只空幾個月，就可接納新的房客。因此，得到租金的希望就不至於太落空。

三、在一所設備良好的大樓裡，如果一個房客一定要在他租約期滿的那一年的末了退租，也比較易於再租。免費裝潢辦公室也不會得不償失，因為這會增加全樓的股票價值。

結果極好。每個新近裝潢過的辦公室似乎都比以前更為富麗堂皇。房客都很熱心，許多房客花費了額外的金錢。其中有個房客在改建工作中就花費了二萬二千美元。

> 這座大樓開始時只租出10%，到年底使百分之百地租出了。沒有一個房客在他的租約期滿後想走的。他們很高興住上了超摩登的新辦公室。第一年的租約滿期後，我們也沒有提高租金，這樣，我們就贏得了房客們的信任和友情。

親愛的讀者，我們很想請你現在回顧一下這個故事的始末。有一個人面臨著一個嚴重的問題。他手上有一座巨大的辦公大樓，可是這座大樓十分之九的辦公室都是空閑未被租用的。然而，在一年內這座大樓便百分之百地出租了。現在，就在它的隔壁左右，仍有幾十座大樓是空蕩蕩的。這兩種情況之間的差別，當然就是每座大樓的經理對這個問題所持的不同的心態。一種人說：「我有一個問題，那是很可怕的。」另一種人說：「我有一個問題，那是很好的！」

如果一個人能夠抓住他的問題尚未顯露出真相的好機會，洞察它並尋求解決，那麼他就是懂得積極心態之要義的人。如果一個人能形成一種行之有效的想法，並緊接著付諸實行，他就能把失敗轉變為成功。

現在全國以及全世界由於經濟蕭條而發生了經濟問題。蕭條是由一國或數國經濟生活的循環而引發的。但是我們沒有必要對它束手無策、等閑視之，更沒有必要被這種經濟生活的循環所壓倒。你一定能對付經濟循環的問題並機智地克服它。

了解經濟循環和趨勢

很多年以前，美國國民銀行和芝加哥信託公司的主管貸款的副行長鮑爾・雷蒙德為他的銀行客戶提供了一種服務。他送給他們一本杜威和德金著的書《經濟循環》。因而這些銀行的客戶中有許多人都創造了財富。他們學會和理解了商業循環和趨勢的理論。其中有些人雖然未能創造新的財富，卻能保住老本，不管經濟趨勢和變化如何，他們始終沒有損失已經獲得的財富。

擔任經濟循環研究基金會主任多年的杜威指出：每一種活的有機體，無論它是個人、事業或國家，都是逐漸成熟，按標準層次發展下去，然後死亡。與此同樣重要的是他指出了一種解決方法，由此，不管經濟循環或趨勢如何，你，作為一個個體，是能夠做出一番成就的。你能夠成功地對付變化的挑戰。就你和你的利益而論，不管整體的趨勢怎樣，你可以用新的生活、新的血液、新的想法和新的活動，改變局部的趨勢。

早在報紙報導自一九五七年下半年經濟開始衰退之前，這家銀行的客戶之一就預見到經濟向下循環的趨勢，從而準備開始向上攀登。他抱著積極的心態，雄心勃勃地開拓事業。他的公司發展了：到了一九五八年，同上一年相比，公司的股票升值達到30%。而上一年股票的升值僅為25%。

有時顯示出問題的經濟循環，卻並非能影響一種工業或整個國家的經濟循環。它可能僅僅是一個個別的商業內的循環。這個問題也能被預測和對付。儘管沿著事物正常發展的軌道走去，美國的許多公司都該早已經歷過成熟、發展的階段而走向死亡了，然而我們仍可見到它們在不斷地成長。最顯著的一個例子就是納摩爾公司。

沒有必要說明納摩爾公司還在繼續發展。但是它成功的原因是什麼呢？為什麼它沒有遵循自然的循環：從成長、成熟、發展到死亡呢？

納摩爾公司用新的生活、新的血液、新的想法、新的活動對付變化的挑戰。它的管理人員用積極的心態去對付這個問題，並決心戰勝這個問題。他們還在繼續從事探索，不斷地取得新的發現，開創新的產品和完善他們先前的產品。他們把新的血液注射到他們的管理中，並研究和改進他們的銷售方法。

學習他們的成功方法！你，作為一個小商店的店主，或者作為一個個人，能夠研究和實驗這些方法。你能口述和吸收這樣一個大公司所用的原則，也能用新的想法、新的生活、新的血液、新的活動作為催化劑，繼續成長。你能把向下的趨勢改為向上的趨勢。你能夠與眾不同！當別人向下游漂去時，你能向上游前進！

7 學會觀察

擦亮你的眼睛，就是觀察的第一件事。

喬治的故事

喬治・康貝爾誕生時，雙目失明。

「他患的是雙眼先天性白內障。」醫生說。

喬治的父親望著醫生，不相信他的話。

「難道你就束手無策了嗎？手術也無濟於事了嗎？」

醫生搖搖頭：「直到現在，我們還沒有聽說過治療這種病的方法。」

喬治不能看見東西，但是他的雙親的愛和信心，使他的生活過得豐富。作為一個小孩，他還不知道他失去的東西。

於是，在喬治六歲時，發生了他所不能理解的一件事。一天下午，他正在同另一個孩子玩耍。那個孩子忘了喬治是瞎子，拋一個球給他：「當心！球要擊中了！」

這個球確是擊中了康貝爾——此後在他的一生中再沒有發生過這樣的事了。喬治雖沒有受傷，但覺得極為迷惘不解。

後來他問母親：「比爾怎麼能在我之前先知道我將要發生的事？」

他的母親嘆了一口氣，因為她所害怕的事終於發生了。現在她有必要第一次告訴她的兒子——「你是瞎子。」

「喬治，坐下。」她溫柔地說道，同時伸過手去抓住他的一隻手：「我不可能向你解釋清楚，你也不可能理解得清楚，但是讓我努力用這種方式來解釋這件事。」她同情地把他的一隻小手握在手上，開始計算手指頭。

「1—2—3—4—5。這些手指頭代表著人的五種感覺。」她講道，同時用她的大拇指和食指順次序捏著孩子的每個手指。

「這個手指表示『聽覺』，這個手指表示『觸覺』，這個手指表示『嗅覺』，這個手指表示『味覺』。」

然後她猶豫了一下，又繼續說：「這個手指表示『視覺』。這五種感覺中的每一種都能把信息傳送到你的大腦。」

她把那表示視覺的手指彎起來，按住，使它處在喬治的手心裏。

「喬治，你和別的孩子不同。」她說：「因為你僅僅用了四種感覺：一是聽覺，二是觸覺，三是嗅覺，四是味覺，你並沒有用你的視覺。現在我要給你一樣東西。你站起來。」她溫和地說。

喬治站起來了，他的母親拾起他的球。

「現在，伸出你的手，彷彿你將抓住這個球。」她說。

喬治伸出了他的一雙手，一會兒，手接觸到了球，他就把手指合攏，抓住了球。

「好，好。」他母親說：「我要你絕不忘記你剛才所做的事。喬治，你能用四個而不用五個手指抓住球。如果你由那裡開始，並不斷努力，你也能用四種感覺代替五種感覺抓住豐富而幸福的生活。」喬治的母親用了一個生動的比喻，而她用簡單的數字來說明問題，確是使兩個人的思想交流得最快、最有效的方法之一。

喬治絕不會忘記「用四個手指代替五個手指」的信條。這對他來說意味著希望。每當他由於生理的障礙而感到沮喪的時候，他就用這個信條作為自己的座右銘，激勵自己。這成了他自我暗示的一種形式，在需要時，它會從下意識心理閃現到意識心理。

他發覺母親是對的。如果他能應用他所擁有的四種感覺，他確實是能抓住完美的生活。

但是喬治的故事並未到此結束。

在這個孩子讀高中低年級期間，他病了，進了醫院。當喬治逐漸康復的時候，他父親給他帶來一個喜訊：醫學界已經發現了先天性白內障的治療法。當然這種治療法也有失敗的可能，但成功的可能性大大超過了失敗的可能性。

喬治渴望能看見，他願為獲得視覺而冒失敗的危險。

在以後的六個月期間，醫師給喬治做了四次精心的外科手術。每隻眼睛各做了兩次手術。喬治的眼睛蒙著繃帶，他在陰暗的病房裡躺了好些日子。

終於，揭除繃帶的日子到來了。醫生慢慢地、小心地解去纏繞喬治頭部和蓋住喬治眼睛的紗布。但是喬治只感覺到一點模糊的光亮。喬治・康貝爾仍然是技術上的盲者！

他躺在那兒思潮澎湃……過了好一會，他聽到醫師在他的床邊走動，什麼東西放到了他的眼睛上。

「現在你能看見東西嗎？」醫師問道。

喬治從枕頭上稍稍抬起頭，覺得眼前模糊地出現了一個有色彩的景象。

「喬治！」一個聲音說。他熟悉這個聲音，這是他母親的聲音。

喬治・康貝爾在他十八年的生命中第一次看見了母親。她有著疲倦的眼睛、六十二歲的起了皺紋的臉、長滿繭的手。但是，在喬治看來，她是最美麗的。

對他來說，她是一個天使。喬治所看到的是多年的辛勞和忍耐，多年的教導和計畫，多年為了要使他的眼睛明亮而表現的熱愛和母性。

直到今日，他還珍惜他第一次所見到的景象：見到他母親的情景。他從這第一次的視覺經歷中就學會了珍惜他的視覺。他說：「我們沒有人能理解到視力的奇蹟，如果沒有視力我們的生活會多麼困難。」

觀察也是學習的過程

但是喬治也學到了一些東西，這對於任何有興趣研究積極心態的人都是很有益的。他絕不會忘記這一天：他在醫院病房裡看見母親站在他面前，而不知道她是什麼人——直到聽到她說話時他才明白。

喬治指出：「我們所看見的東西總是心理的翻譯。我們必須訓練心理來翻譯我們所看到的東西。」

這種觀察是以科學做背景的。「看的過程的大部分完全不是由眼睛來做的。」若蕭博士在描述看的心理過程時說：「眼的動作，像手一樣，『伸到那裡』，抓住無意義的東西，把它帶到大腦。然後大腦把這種『東西』轉換成記憶，大腦再用比較的動作進行翻譯，直到這時，我們才能真正看見了什麼東西。」

我們當中只有很少的人才善於觀察生活。我們往往沒能把我們的眼睛透過大腦的心理程序所傳給我們的信息加以濾清。結果，我們觀察事物時，就不能完全真正看見它們。我們獲得了生理上的印象，都不能領會它對於我們的意義。換句話說，我們並未能用積極的心態去理解傳到我們大腦中的印象。

現在是不是檢查你的生理視覺的時候呢？當然不是，那是醫生的事。但心理視覺像生理視覺一樣，能被歪曲。當心理視覺被歪曲了時，你便在一層虛假概念的薄霧中東奔西竄，就會不必要地碰壞和傷害你自己或別人。

眼睛最通常的生理弱點是兩個相反的極端——近視和遠視。心理視覺也有這兩種主要的歪曲。

心理近視的人易於忽視遠方的物體和可能性。他只注意近在手邊的問題，看不到未來的機會，其實只要他能以未來的觀點去進行思考和計畫，有些機會就會屬於他的。如果你不為將來制定計畫、確立目標和打吹基礎，你便是近視型的人。

另一方面，心理遠視的人易於忽視就在他面前的可能性。他看不見近在手邊的機會，而只看到未來的幻夢世界，並認為它與現實無關。他要從頂峰上開始他的偉大事業，而不願從地面上一步步向上攀登。

在觀察的過程中，你既要看得遠，又要不忽視近處。一個人懂得了如何直接觀察在面前的東西，是有巨大好處的。在美國西北部蒙大拿州西部邊境比特魯特山邊的達比鎮，人們好多年都習慣於仰望那座晶山。晶山之所以獲得這個名稱是因為它被侵蝕並已暴露出一條凸出的狹窄部分，這部分是微微發光的晶體，看上去有點像岩鹽。早在一九三七年這兒就修建了一條直接越過這塊露面岩層的小徑。但是此後一直到一九五一年，並沒有一個人耐煩地彎下身子去撿起一塊發亮的礦物質，好好地把它觀察一下。

就在一九五一年，兩個達比人康賴和湯普生看見一種礦物的聚合物陳列於這個小鎮，感到十分激動。他們看到礦物展出品中的綠玉標本上，附有一張卡片，說明綠玉可用於原子能探索，便立刻在晶山上立柱，表示所有權。湯普生把礦石的樣品送到斯波堪城的礦物局，並要他們派一名檢驗員來察看一種「儲量巨大」的礦物。

一九五一年的下半年，該礦物局派了一部推土機上山採取礦物樣品並進行成份分析，認定這裡確是極有價值的世界最大的鈹（化學元素Be）的儲藏地之一。今天，一些沈重的運土卡車陸續奮力登山，又載著極為沈重的礦石慢慢地闖出一條下山的回路；而在山腳下等待他們的實際是手中拿著支票的美國鋼鐵公司和美國政府的代表。他們每人都急於購買這些礦石。這一切都僅僅是由於一天兩個青年不僅用的他們生理眼睛去觀察，而且不怕麻煩，還用他們的心理眼睛去思考。

如果一個人的心理視覺被歪曲了，成了一個心理近視的人，他就不能做到康賴和湯普生所做到了的事。因為他只能看到遠處的東西，卻讓腳下的機會白白地走失了。在你的身邊有這種機運嗎？觀察一下你的周圍吧！當你處理日常事務時，你是否會因有什麼不便的地方而感到苦惱？也許你能想到用一種方式去解除這種苦惱。這不僅對你，而且對別人都是有益的。許多人由於滿足了這種家常的需要，都已得到了可觀的酬金。發明緊式髮夾的人是這樣，發明紙夾的人是這樣，發明拉鍊和發明金屬鬆緊褲帶的人也都是這樣。看看你的周圍吧！要學會觀察啊！你可能會發現幾畝金剛石就在你的後院裡。

但是心理近視可能同心理遠視一樣有問題。有心理近視問題的人只能看見鼻子底下的東西，而更遠的可能性部悄然而逝。這樣的人就是不理解計畫力量的人。他不懂得用於思考上的時間的價值。他窮於應付直接面對著他的一些問題，以致不能把他的心理解放出來，對準遠方，尋求新的機會，新的趨勢，構成宏偉的前景。

能夠觀察到未來乃是人類大腦最壯觀的成就之一。在佛羅里達州柑桔地帶下方有一個小鎮叫做溫特・海芬。它周圍的鄉間都是農地。確實，這兒被大多數人認為是完全不能吸引遊人的地區。因為它與世隔絕。它無海濱，無高山，只有一些微微起伏的小山，在山谷中有一些小湖，此外還有一些長著絲柏的沼澤地。

但是有一個人來到這個地區，他用別人未曾使用過的眼光看待這些長著絲柏的沼澤地。他的名字是理查德。波普。波普買下這塊沼澤地的一部分，用籬笆把它圍住，把它創辦成世界著名的絲柏花園，曾有人出價一百萬美元，購買這塊土地，遭到拒絕。

當然，這事並非像說的那樣簡單。波普曾經認識到必須抓住每一點機會來達到自己的目的。波普知道：唯有透過連珠炮似的廣告這個唯一的方式，才能把公眾吸引到這麼荒涼的地方來。但是廣告耗資巨大，所以波普就只好做簡單的廣告。他首先參與大眾攝影事業。他在絲柏公園開設了一家攝影器材商店，向旅遊者出售膠卷，然後教他們如何拍攝花園的特殊鏡頭。他雇請技術高超的滑水運動員，請他們做出精彩複雜的表演。這時，他用擴音器向公眾宣稱他們應當用什麼樣的相機拍攝這些動作。這些旅遊者帶回去的精彩照片就給波普做了最好的廣告宣傳。

波普的觀察是一種創造性的觀察，我們大家都該發展這種觀察能力。我們必須學會用新穎的眼光看待世界，觀察處在我們周圍的機會，並同時洞察未來，探尋存在於那兒的機會。

觀察是可以學會的一種技術，但它像任何別的技術一樣，必須加以練習。

觀察別人的能力、智慧和觀點

我們也許認為我們已認識了自己的才能，然而在這方面我們都可能是個盲人。讓我舉一位女教師的例子來說明。她需要檢查她的心理視覺。她既近視，又遠視。因為她既不能看見她學生的現在、也不能看見他們將來的潛力和才能，或者他們的觀點。

當然每個人——偉人和準偉人——都必須有一個起點。他們並非生來就成為卓越的成功者。事實上，在最偉大的人中，有一些人在他們的一生中有時被認為是十分愚蠢的，直到他們掌握了積極的心態，並且學會了理解他們自身的才能和展望他們的確立目標，他們才開始向成功之道攀援而上。

有一個孩子，他的老師認為他是「一個愚笨的、昏庸的蠢貨」。這個孩子常在他的石板上畫畫。他到處觀察，傾聽每個人說話。他常提出一些「不可能的問題」，但不肯說出他懂得什麼，甚至在處罰的威脅下也不肯。孩子們稱他為「笨蛋」，他的成績也確實經常是全班最後一名。

這個孩子就是托馬斯·愛迪生。當你閱讀愛迪生的傳記時，你會受到巨大的鼓舞。愛迪生上小學的全部時間不超過三個月。他的老師和同學都異口同聲地說：他太笨了。然而，在他的一生中，有一件事促使他把他的法寶的消極心態那一面翻轉到積極心態這一面，從而發展成一位出類拔萃的人，一位劃時代的發明家。

是什麼使愛迪生改變了他的整個態度呢？是這樣一件事：當他的老師告訴學校的督學，說他是「愚笨的」學生，把他再留在學校裡是不會有任何價值的時候，他的母親帶著他跑到學校向校方大聲地聲明：她的兒子托馬斯・愛迪生比這位教師和這位督學都更有頭腦。

愛迪生稱他的母親是孩子們所曾經有過的最熱情的維護者。從那一天起，他在母親的薰陶下成了另一個孩子。他說：「我的母親給我的影響使我終生受益。我不能失去她早期給我的良好的影響。我的母親總是十分親切，總是富有同情心，她絕不會誤解我，看錯我。」

母親對他的信任使他以一種完全不同的見識看待他自己。這使他用積極的心態去學習和研究。這種態度教導愛迪生用更深刻的心理洞察力去思考、理解、創造和發展有益於整個人類的發明物。那位教師沒有做到這一點，因為她並非真有誠意和興趣來幫助這個孩子。他的母親完全做到了這一點。

你常有一種傾向要看到你所想看到的東西。

「耳聞」不一定包含注意或應用，「傾聽」卻總是要做到這兩點。我們在本書中敦促你要傾聽信息。這就是說：你要精心注意到如何把這個原則和你的生活聯繫起來，並且吸收它，使它成為你自己生活的一部分。

也許你很想知道你如何能把下面別人所應用過的原則聯繫到你自己的生活中去。

杜邦公司的化學專家卜蘭克博士做了一次實驗，但是失敗了。他在實驗後打開試管，觀察到這試管裡明顯地含有什麼東西，因此覺得奇怪。他問自己：「為什麼？」他不像別的人處在這種相似的情況下，會把試管扔掉。真的，他稱了稱這個試管，發覺它比同牌號、同型的試管要重些。卜蘭克博士又問自己：「為什麼？」

卜蘭克為他的幾個問題尋找答案，這樣他就發現了非常透明的塑料四氟乙烯，通稱為特氟龍。在某一個時期內，美國政府包銷了杜邦公司的全部產量。

當你見到什麼不懂的東西時，就問問你自己：「為什麼？」並更密切地觀察它，你將可能獲得重大的發現。

向你自己或別人提出使你迷惑不解的問題，可能使你獲得豐厚的報酬。這種方式曾經導致了世界最偉大的科學發現之一。

從前一個年輕的英國人在他的農場裡度假休息，他仰臥在一棵蘋果樹下，思考問題：這時，一顆蘋果落到了地上。這個年輕人是一位學習高等數學的學生。

「蘋果為什麼會落到地上呢？」他問他自己。地球會吸引蘋果嗎？蘋果會吸引地球嗎？它們會互相吸引嗎？這裡面包含著什麼樣的普遍原理呢？

這位年輕人就是牛頓。他用思考的力量，獲得了一項極其重要的發現。從心理上進行觀察就是思考。透過思考，他找到了答案：地球和蘋果互相吸引，物質吸引物質的定律可以適用於整個宇宙。牛頓因此發現了萬有引力。

牛頓是向他自己提出問題，另一個人都向專家徵求建議。但他們都成功了。

應用知識，成了巨富

一八六九年在日本，御木本小吉的父親——一個鄉村製麵條工——病了，不能工作了。這時御木本只有十一歲，他不得不繼承父業，當鄉村製麵條工。這個少年要奉養他的雙親、六個兄弟和三個姊妹，每天除去做麵條外，還必須出售麵條。這證明他不僅是一個能幹的生產者，還是一位優秀的推銷員。

御木本以前曾向一位家庭教師——一位武士學習過。

武士曾教導他說：「真正忠誠的模範包括親切的行動和對他的同胞的熱愛，絕非僅僅背誦形式上的祈禱文。」

御木本有了這種積極行動的、基本的積極心態的哲學，就成了一位實行家。他養成了把自己的想法轉變成現實的習慣。

他在二十歲時愛上了一位武士的女兒。這個年輕人深知他未來的岳父不會樂於讓自己的女兒同一個製麵條的工人結婚。因此，他就激勵自己要和對方的身分相稱。他改換了他的職業，變成了一位珍珠商人。

像世界上許多取得了成就的人一樣，御木本不斷地尋求能夠幫助他從事新活動的特殊知識。他像現代大工業家們一樣，向大學尋求知識。水倉芳吉教授告訴他一種從未被證實過的關於自然定律的理論。

這位教授說：「當外界的一種物體，例如一粒沙子，黏到牡蠣的體內時，就形成了一顆珍珠。如果外界的物體不殺死牡蠣，牡蠣就以一種分泌物包住這個物體，這種分泌物就在牡蠣的殼內形成珍珠母。」

御木本的熱血沸騰起來了！他立即向自己提出一個問題：「我能飼養牡蠣，然後精細地放一個微小的外界物體到牡蠣的體內，讓它自然形成嗎？」他簡直迫不及待地要取得這個問題的答案。

御木本首先根據向那位大學教授學到的知識去進行觀察，然後應用他的想像力並進行創造性的思考。他認定如果所有的珍珠僅僅是當外界物體進入牡蠣體內時才能形成，他就能使用這一自然定律發展珍珠生產。他能把外界物體置於牡蠣體內，迫使牡蠣生產珍珠。他學會了觀察和行動，終於成了一位成功者。

現在，我們對御木本生活的研究，在於說明他應用了所有十七條成功原則。知識不能必你成功，但是應用知識可以使你成功。行動起來！

當我們學習用新的眼光觀察事物時，我們心中所湧現的許多想法會使別人覺得很狂妄。這些想法既能嚇倒我們，也會使我們獲得財富，如果我們照著它們行事的話。這兒有另一個關於珍珠的真實故事。這個故事的主人翁是一個美國青年，叫做哥爾德斯通。他向愛荷華州農民挨門逐戶出售珠寶。

在經濟蕭條時期的一天，他獲悉日本人正在生產美麗的人工珍珠。這種人工珍珠比天然珍珠售價要低一些。哥爾德斯通「看到了」一個好機會。他和他的妻子愛斯瑟不顧蕭條時期的不景氣，變賣了所有的資產，動身到東京去。他們到達日本時，只有不到一千美元，但他們有他們的計畫和積極的心態。

他們夫婦會見了日本珍珠商協會主席喜田村先生。哥爾德斯通的目標很高，他告訴喜田村他的計畫是把日本人工培養的珍珠推銷到美國去，要求喜田村給予十萬美元的貸款。在經濟蕭條期，這是一個驚人的數字。然而，幾天以後，喜田村同意了這筆貸款。

哥爾德斯通夫婦回到美國，珍珠銷售得很好。他們很順利地走上了富裕的道路。幾年後他們決定建立自己的農場。在喜田村的幫助下，他們創立了這個農場。他們再一次看到了別人所未能看到的機會。但是有一個問題：經驗證明受到人工置入外物的牡蠣的死亡率高達50％以上。「我們如何才能避免這個巨大的損失呢？」

經過許多研究，哥爾德斯通夫婦開始把醫學上的方法用到牡蠣上。他們把牡蠣的外殼加以刮擦和洗淨，以減少牡蠣受感染的危險。「外科醫生」們用一種液體麻醉藥使牡蠣鬆弛，然後把一粒微小的蚌丸塞進牡蠣，作為逐漸形成珍珠的核心。他們再把這些牡蠣置於一個籠子裡放回水中。每四個月檢查一次。透過這種技術，90％的牡蠣能夠存活，並能製造珍珠。

我們再一次看到了應用心理的洞察力以後所獲得的成功。觀察力比透過眼睛的視網膜接收光線的生理過程要複雜得多。它是對你所看到的東西做出解釋，並把這種解釋應用到你的和別人的生活中去的一種技巧。

學會觀察將給你帶來夢想不到的機會。然而積極的心態會使你在更多的事情上取得成功。你還必須按照你所學到的知識展開行動。行動是至為重要的，因為只有透過行動，你才能建功立業。

8 建功立業的祕訣

不必等待什麼機會，立即行動就是契機。

建功立業的祕訣——行動。

如果你還沒有做想要做的事，或者乾脆說，你實際上是在做你並不想做的事的話，那麼，這一章就是為你寫的。

那些取得了巨大成就的人都掌握了這種建功立業的祕訣。你可以從加州琴諾城的加洲成人學校的督學兼顧問波奧梅斯特所說的話中感覺到這種祕訣。他曾經對我們說——

「我總是告訴我們的自學班的同學說：我們慣常把我們所讀到的和認識的東西變成我們的藏書和詞彙的一部分，而沒有把它們變成我們生活的一部分。」

我們則告訴他，我們是如何把從書本上認識的東西變成生活的一部分的。我們還向他提出了用以建功立業的「自我發動法」。

怎樣把建功立業的祕訣用到生活中去呢？首先要養成一種「習慣」。

「播下一個行動，你將收穫一種習慣；播下一種習慣，你將收穫一種性格；播下一種性格，你將收穫一種命運。」心理學家威廉・詹姆士這樣說過。他的意思是說，人是被習慣所支配的，而你可以選擇或養成好的習慣，只要你應用「自我發動法」。

那麼，建功立業的祕訣是什麼呢？促使你應用這一祕訣的自我發動法又是什麼呢？

建功立業的祕訣就是「行動」。自我發動法實際上就是一句自我激勵警句：「立即行動！無論何時，當「立即行動」這個警句從你的下意識心理閃現到意識心理時，你就該立即行動。

平時就要養成一種習慣：用自我激勵警句「立即行動」對某些小事情做出有效的反應。這樣，一旦發生了緊急事件，或者當機會自行到來時，你同樣能做出強有力的反應，立即行動起來。

假如你有一個電話應該去打，但由於延宕的習慣，你沒有打這個電話。當自我激勵警句「立即行動」進入你的意識心理時，你就會立即去打這個電話。

又假定你把鬧鐘定在上午六點。然而，當鬧鐘鈴響時，你睡意仍濃，於是起身關掉鬧鐘，又回到床上去睡。久而久之，你會養成早晨不按時起床的習慣。但如果你聽從「立即行動」這一敕令的話，你就會立刻起床，不再睡懶覺。

威爾斯是掌握了建功立業祕訣的多產作家。他力圖不讓任何一個想法溜掉。當他產生了一個新的靈感時，他便立即把它記下來。即使是在深夜，他也會這樣做。他的這個習慣十分自然，毫不費力。對他來說，這就像是你想到一個令人愉快的念頭時，你就不覺地笑起來一樣。

許多人都有延宕的習慣。由於這種習慣，他們可能出門誤車，上班遲到，或者更重要的——失去可能更好地改變他們整個生活進程的良機。歷史已經記錄了有些戰役的失敗僅僅是由於某些人延宕了採取有利行動的良機。

「成功學——積極的心態」學習班中的新生常常談到延宕是他們很想改掉的一個習慣。於是我們就為他們介紹建功立業的祕訣和自我發動法。我們為了激勵他們，還講了第二次世界大戰中的一個戰俘的故事。

任何時候，都不要浪費掉一天

以前日軍在馬尼拉登陸時，菲律賓海軍的一名文職雇員被捕了。他被關進一家旅館，兩天後又被送往一個集中營，他叫哈蒙。

就在到達集中營的第一天，哈蒙看見一個難友的枕頭底下有一本書。他向難友借了這本書。這本書叫做《思考致富》。

在哈蒙閱讀本書之前，他的情緒很壞。他恐懼地望著在那個集中營可能遭受的折磨，甚至死亡。但是，當他讀了這本書時，他就為希望所鼓舞了。他渴望擁有這本書，讓它同自己一起去迎接面前那些可怕的日子。哈蒙在同難友討論《思考致富》中的問題時，認識到這本書是他自己的一筆巨大財富。

「讓我抄這本書吧！」他說。

「當然可以，你開始抄吧！」

哈蒙立即開始抄書。一字又一字，一頁又一頁，一章又一章，他緊張地抄著。他時刻陷在可能失去這本書的苦惱中，這本書會在任何時候被拿走，但這種苦惱激勵他日夜工作。

真是幸運，哈蒙在抄完這本書的最後一頁後不久，他就被轉移到惡名昭彰的聖多・托瑪斯城集中營。哈蒙之所以能及時完成抄書工作，乃是因為他能及時開始這項工作。哈蒙在三年零一個月的囚犯生活中隨時都帶著這本書，把它讀了又讀。這本書給了他豐富的精神食糧，鼓舞他提起勇氣，制定未來計畫，保持和增進心理和生理上的健康。

托瑪斯監獄的囚犯在生理和心理上都永遠受了傷害——恐懼現在，也恐懼未來。

「但是，我在離開聖多・托瑪斯時比我當見習醫生時，還要覺得好些。在那兒我為生活作了更好的準備，心理上也更活躍些。」哈蒙告訴我們。

在他的談話中，你可以感受到他的主要思想：「成功必須不斷地實踐，否則它會長上翅膀，遠走高飛。」

現在是行動的時候了！

建功立業的祕訣能把一個人的消極態度改變為積極的態度。透過它，一個人能把可能被毀棄了的一天變成令人愉快的一天。

丹麥哥本哈根大學的學生喬根做了一個夏天的旅遊嚮導工作。因為他所做的工作大大多於他所得的報酬，有些從芝加哥來的遊客就給他安排去美國旅遊一次。旅程中包括在華盛頓觀光一天。

喬根到達華盛頓時，在魏拉德旅館登記住宿。他在那兒的帳單已經有人給預付了，這使他高興到了極點。可是，當他準備就寢時，一次意外的打擊迎頭而來——他發現錢包不見了。

錢包裡裝有護照和現款。他跑到樓下旅館的櫃台，向經理說明了情況。

「我們願盡一切努力。」經理說。

但是直到第二天早晨，錢包仍不知下落。喬根的衣袋裡只有不到二元的零錢。現在他孑然一身，飄零異邦，怎麼辦呢？打電話給芝加哥的朋友，告訴他們所發生的事嗎？到警察總局坐等消息嗎？

突然地，他說：「不！我不願做任何這樣的事！我要參觀華盛頓。我可能再也不會到這兒來了。我在這個偉大的首都裡只能待上寶貴的一天。畢竟，我還有去芝加哥的機票，還有許多時間解決現款和護照的問題。但是，如果我現在不去參觀華盛頓，我就不再有這樣的機會了。」

「現在應當是很愉快的時候，現在的我和昨天失去錢包以前的我應是同一個人。那時我很愉快。現在我應當也很愉快——剛剛到達美國，有權在這個偉大的城市享受一個假日。」

「我不願把時間無益地浪費在由於損失而引起的不愉快中。」

他步行出發了。他看到了白宮和國會大廈，參觀了一些巨大的博物館，他爬上了華盛頓紀念碑的頂部。雖然不能到華盛頓市郊區阿靈頓以及他原來想去看看的其他幾個地方，但凡是他到過的地方，他都看得很仔細。他買了些花生和糖果，細細咀嚼，免得自己過於飢餓。

他回到丹麥後，回憶起在美國最好的一段旅程，就是他那天徒步旅遊華盛頓——如果喬根不用建功立業的祕訣，那一天就可能從他那兒毫無意義地溜掉了。所幸的是喬根懂得：現在正是時候。他懂得：必須在「現在」變化之前，把它抓住——以免無限惋惜：「昨天我本可以……」

令人喜出望外的是：在喬根錢包、護照遺失事故發生的五天後，華盛頓警察局找到了它們，並將原物送還給了他。

你害怕自己最好的想法嗎？

妨礙我們抓住「現在」的東西之一，便是我們面對自己的靈感時的膽怯。我們有時有點害怕我們最初的主意。它可能既是珍奇可貴的，又是荒唐無稽的。毫無疑問，一個未經試驗的想法要執行起來是需要一定勇氣的。然而正是這種勇氣往往產生了最壯觀的結果。著名作家艾爾斯・里曾經說過聞名全美的紐約皮貨商的女兒露絲和她妹妹愛麗娜的故事——

「我父親是一個失敗了的畫家。」露絲說：「他有才能，但他必須以賺錢維持一家生計為目的。這就使他無法去作畫，而只蒐集圖畫，後來他也為我和愛麗娜買些圖畫。」這樣，這兩位姑娘就增長了美術的知識、欣賞力和可貴的鑒賞力。

當孩子長大了些時，她們的朋友常來同她們商量應當買什麼樣的畫去裝飾他們的家庭。她們常常把她們蒐集的畫借給朋友們使用很短的一段時期。

一天夜裡三點鐘，愛麗娜喚醒了露絲：「不要爭論，但我有一個極好的想法！我們馬上組織一個偉人同盟。」

「什麼是偉人同盟？」露絲問道。

「偉人同盟就是兩個或更多的人，以和諧的精神、共同的認識和努力，緊密配合，以達到一個確立的目的。我們所要做的事，是開展圖畫出租的業務！」

露絲同意了。這是一個極好而又可怕的想法。就在這同一天，她們開始工作了——雖然朋友們警告她們：有價值的圖畫可能遺失或被盜，也可能發生法律訴訟和保險問題，但她們仍然堅持做下去——她們籌措了三百美元的資金，並且說服了父親把皮貨店的底層提供給她們開展業務。

「我們從珍藏的圖畫中選出一千八百幅，裝在畫框中。」露絲回憶說：「我們不顧父親憂慮而反對的眼光。第一年是冷酷的——一次真正的奮鬥。」

但是這個新奇的想法實現了。她們的公司稱為「紐約循環圖畫圖書館」，大約有五百幅畫經常出租給商業公司、醫生、律師以及家庭。有個重要的租戶是一位在麻薩諸塞州監獄中待了八年之久的人，他很客氣地寄來一封信。也許這個圖書館會考慮到他的住址，不會借畫給他。但是，除去運費，一些畫免費借到他的手中了。監獄當局為了回報這個圖書館，寫了一封信給露絲和愛麗娜，說明她們的圖畫如何用於藝術欣賞，使幾百個囚犯獲益不淺。

露絲和愛麗娜從一個想法出發，開創了她們的事業。結果不僅對她們自己有利，更增添了許多人的愉快和幸福。

你準備把你的收入增加一倍嗎？

斯通擔任美國全國國際銷售執行委員會七個執行委員之一時，曾作為該會的代表走訪了亞洲和太平洋地區。在一個星期二，斯通給澳大利亞東南部墨爾本城的一些商業工作人員做了一次勵志性的談話。到下星期四的晚上，斯通接到一通電話，是一家出售金屬櫃的公司的經理意斯特打來的。

意斯特十分激動地說：「你絕對不會相信，發生了一件令人吃驚的事！你會同我現在一樣感到振奮的！」

「把這件事告訴我吧！發生了什麼事？」

「一件驚人的事！你在上星期二的談話中推薦了十本勵志書。我買了《思考致富》，在當天晚上就讀了幾個小時。第二天早晨我又繼續讀它，於是我在一張紙上寫道：『我的主要的確立目標是把今年的帳目徹底整理一番！而令人吃驚的是：我竟在四十八小時之內達到了這個目標。」

「你是怎樣達到這個目標的呢？」斯通問意斯特：「你怎樣把你的帳目徹底整理一番的呢？」

意斯特答道：「你在談話中講到你的推銷員亞蘭在同一街區兜售保險單先失敗而後成功的故事。我記得你說過：『有些人可能認為這是做不到的，但是亞蘭做到了。』我相信你的話。我也做了準備。」

「我記住了你給我們的自我發動的警句：『立即行動！』我就去看我的卡片記錄，分析了十筆呆帳。我準備催收這些呆帳，這在先前可能是一件相當棘手的事。我重複了『立即行動！』這句話達好幾次，並用積極的心態去訪問這十個客戶。結果完成了八筆欠款的催收。發揚積極心態的力量所做出的事是很驚人的——真正驚人！」

我們的目的與這個特殊的故事有關。你也讀了關於亞蘭的故事，但是你可能並沒有把這個原則應用到你的經歷中。意斯特做到了這一點，所以你也能做到。你能應用你在本書中所讀到的每個故事中的原則。

然而，現在我們要你學會「立即行動！」

有時，立即行動的決定能使你最荒誕的夢想成為現實。

你能把事業和娛樂結合起來

斯威爾・曼里喜歡打獵和釣魚。他美好生活的概念就是帶著釣竿和獵槍，到郊外八十公里遠的森林裡去，在那兒勞累一兩天之後再回來，雖然全身污泥，但他很愉快。

他對這種業餘活動所感到的唯一煩惱，就是他作為一位保險業務的推銷員，花費的工作時間太多了。有一天他極不樂意地離開了他所喜愛的鱸魚湖，回到工作崗位。

這時他產生了一種不著邊際的想法：假定有一些人住在荒野的地方，而這些人又需要保險。那麼他就能在野外開展工作。真的，曼里發現了這樣一群人：他們在野外從事修建阿拉斯加鐵路的工作；他們住在分散的工務房子裡，分佈在八百公里長的鐵路線上。如果向這些人兜售保單又怎樣呢？

曼里在想到這個主意的那一天，就制定了計畫。他請教了一位旅行社的朋友，然後就開始打包行李。他不中斷他的準備工作，以免懷疑悄悄地溜來恐嚇他，要他相信他的想法可能是輕率的，可能要失敗。為了使他的想法不因有缺點而被擱置下來，他立即乘船到了阿拉斯加的西沃德半島。

曼里在鐵路沿線往返了好多次。人們稱他為「徒步斯的威爾」。他成為了受這些孤獨家庭所歡迎的人，他向他們推銷保單，也免費給人理髮，教那些只吃罐頭食品和火腿的單身漢烹飪術。所有的時間裏，他都是做自然而來的事，也是做他所想要做的事：踏遍群山，打獵，釣魚。如他所說：「過著斯威爾式的生活！」

在壽險業務方面，有一種特殊榮譽的地位，保留給那些一年中能售出一百多萬美元業務的人，叫做「百萬美元圓桌英雄」。在曼里的故事中，值得注意的和令人難以相信的是：曼里前往阿拉斯加的荒野，走無人願意走的路，還做了百萬美元的生意。在這一年，他在這種「圓桌英雄」中取得了自己的地位。

當不著邊際的「想法」出現於他的腦海中時，如果他猶豫而不用建功立業的祕訣，那麼，這些事情是一件也不會做成的。

記住自我發動的警句：「立即行動！」

「立即行動！」可以影響你的各方面的生活。它能幫助你去做你所不想做而又必須做的事，同時也能幫助你，正如同幫助了曼里一樣，去做那些你想做的事。它能幫助你抓住寶貴的時機——這些時機一旦失去，就絕不會再回來——哪怕只是打電話給你的一位伙伴，告訴他：你很仰慕他。

記住，不管你成了什麼人或者你是什麼人，如果你以積極的心態行事，你都能成為你想要成為的那種人。

9 怎樣激勵自己

在激勵自己或別人時，希望是神奇的成分。

什麼是「激勵」？激勵就是鼓舞人們做出抉擇並從事行動。激勵能夠提供動因。動因僅僅是在個人身體內的「內部催動」，例如本能、熱情、情緒、習慣、態度、願望或想法，能激勵人行動起來。

因此，為了激勵自己，你要努力了解激勵別人的原則；為了激勵別人，你又要努力了解激勵自己的原則。

養成用積極的心態激勵自己的習慣。然後，你就能把握自己的命運。

用神妙的成分激勵自己和別人

什麼是神妙的成份？

他是一位成功的化妝品製造商。十幾年前他在六十五歲時退休了。此後，每年他的朋友們都給他舉行生日宴會。每逢此時，他們都要求他吐露他的成功祕訣，但每次他都拒絕了。直到他七十五歲生日時，當他的朋友們半開玩笑、半認真地再一次提出這個要求，他才說道：「你們這些年真是對我再好不過了。現在我該告訴你們我的成功公式。你們知道，除去別的化妝品製造家所用的公式外，我還加上了神妙的成分。」

「這種神妙的成分是什麼呢？」朋友問他。

「我絕不向任何婦女保證：我的化妝品會使她美麗，但是我總是不斷地給她們美好的希望。」

神妙的成分——就是希望！

希望就是一個人懷著一個願望，盼望能獲得所盼望的東西，並且相信他是能夠獲得它的。亦即，一個人對自己所希望的東西能夠有意識地做出反應。

而他也能下意識地對內促力起反應，當環境暗示、自我暗示或自動暗示使他發出下意識的心理力量時，內促力就能引起行動。換句話說，激勵的因素可有各種類型和級別的不同。

每種結果都有一定的原因。你的每個行動都是一定的原因——動機——的結果。

激勵人的十種基本動機

在你的每種思想和每個自覺行為的背後，都能發現一定的某種或某幾種相結合的動機。分析起來，有十種基本的動機導致產生所有的思想和自覺行為。沒有人是不受到激勵而去做任何事的。當你為了任何一定的目的而要激勵自己或激勵別人時，你就應當清楚地了解這十種激勵動機。它們是——

1．自我保護的願望。

2．愛的情緒。

3．恐懼的情緒。

4．性的情緒。

5．死後生活的願望。

6．謀求身心自由的願望。

7．憤怒的情緒。

8．憎恨的情緒。

9．謀求認識和自我表現的願望。

10・獲得物質財富的願望。

消極的情緒好嗎？

無疑的，消極的東西對人是有害的。但是，它們有時候是否也是有益的呢？

是的，消極的情緒、感情、思想和態度在使用得適當和正確的情況下，是有益的。

因為一種東西如果對於人類是有益的，那麼，它對個人也是有益的。很清楚，在進化的過程中，消極的思想、感情、情緒和態度也保護了個人。事實上，這些消極的東西也在阻止人類絕滅。個人的這些消極的東西，像磁鐵的負極力量，能有效地排斥別人的消極力量。這幾乎是一個普遍的定律。

現在，教養、高雅和文明，像人類本身一樣，也從原始狀態發展起來了。一個社會或環境愈是有教養、愈高雅和愈文明，人也就愈不需要這些消極的東西了。但是在一個消極的痛苦環境中，一個通情達理的人就該抱著積極的心態，用這些積極的力量，來抗拒他所面臨的罪惡。我們且以憤怒、憎恨和恐懼為例。

1・**憤怒和憎恨**。反對邪惡的正當的義憤是憤怒和仇恨的一種形式。當一個人的國家被敵人攻擊時，保護他的國家的願望，或者保護弱者、反抗狂人的罪惡的攻擊，以

拯救人類的生命的行動，便都是良好的。必要時則用屠殺來完成這個使命。這是使用消極的情緒和感情的最壞的一種形式來達到一個極有價值的目的的例子。在社會中，一名戰士進行愛國主義的戰鬥，或者一名警察履行維護治安的職責，都是合乎高尚道德的。

2．**恐懼**。當你處在新的經歷和新的環境中時，自然就會透過某些恐懼的情緒警告你保護自己免遭潛在的危害。你可以確信，即使最勇敢的人處在新的環境中也會先經歷一種有意識的或下意識的膽怯或恐懼的情感。如果他發現恐懼對他是不利的，而他又具有積極的心態，他就會消除恐懼，用積極的情緒來代替不稱心的消極情緒。

你怎樣控制情緒和感情呢？

人是動物界中唯一有意識的成員，只有人才能透過意識心理，自覺地從內部控制情緒，而不是受外界的影響被迫去這樣做。

只有人才能慎重地改變情緒反應的習慣。你愈是文明、有修養、有教養，你就愈能控制好自己的情緒和感情。

把行動和理智結合起來，從而就可控制住情緒。例如當你證明了某種恐懼是不恰當的或有害的時，你就能消除這種恐懼。

要做到這一點，一個有效的方法是使用自我暗示，也就是使用自我命令，說出一句能表達你想要成為什麼樣人的話。這樣，如果你懷有恐懼，而又想成為一個勇敢的人，你就可發出自我命令：「要勇敢！」並且迅速地重複幾次。緊接著就進入行動。要成為勇敢的人，就要勇敢地行動。

富蘭克林的成功公式

你是否讀過《富蘭克林自傳》；或者讀過貝特吉著的《我怎樣在銷售中從失敗走向成功》？如果你沒有，我們就建議你閱讀這兩本書。因為這兩本書包含一個成功公式。

富蘭克林在自傳裏表明：他力圖幫助他自己。他寫道：

> 我的目標是養成所有這些美德的習慣。我認為最好還是不要立刻全面地去嘗試，以致分散注意力，最好還是在一個時期內集中精力掌握其中的一種美德。
>
> 當我掌握了那種美德以後，接著就開始注意另外一種，這樣下去，直到我掌握了十三種為止。因為先獲得的一些美德可以便利其他美德的培養，所以我就按照這個主張把它們像上面的次序排列起來……

富蘭克林所列舉的十三種品德以及他給每種品德所注的箴言（自我暗示）如下：

1．節制。食不過飽，飲酒不醉。

2．寡言。言必於人於己有益，避免無益的聊天。

3．生活秩序。每一樣東西應有一定的安放地方，每件日常事務當有一定的時間去做。

4．決心。當做必做，決心要做的事應堅持不懈。

5．儉樸。用錢必須於人或於己有益，換言之，切戒浪費。

6．勤勉。不浪費時間，每時每刻做些有用的事，戒掉一切不必要的行動。

7．誠懇。不欺騙人，思想要純潔公正，說話也要如此。

8．公正。不做損人利己的事，不要忘記履行對人有益而又是你應盡的義務。

9．適度。避免極端。人若給你應得的處罰，你當容忍之。

10．清潔。身體、衣服和住所力求清潔。

11．鎮靜。勿因小事或普通的不可避免的事故而驚慌失措。

12．貞節。除為了健康或生育後代起見，不常舉行房事，切戒房事過度，傷害身體或損害你自己或他人的安寧或名譽。

13．謙虛。仿效耶穌和蘇格拉底。

富蘭克林進一步寫道：

接著，按照畢達哥拉斯在他的《金詩篇》裏所提出的意見，我認為每日必須檢查，因此我想出下面的方法來進行考查。

我做了一個小冊子，把每一種美德分配到一頁。每一頁用紅墨水劃成七行，一星期的每一天占一行，每一行上註明代表星期幾的一個字母。我用紅線把這些直線劃成十三條橫格，在每一橫格的上頭註明每一美德的第一個字母。在這橫格的適當直行中，我可以記上一個小小的黑點，代表在檢查當天該項美德時所發現的過失。

富蘭克林製作的每日自我檢查表如下：（見150頁）

這是附有重點品德檢查表的一例。

須知如何應用一個公式同了解這個公式是同樣的重要。你如何應用你的知識。

一、訂下一整週都將集中力量去實踐的一個原則或一種品德。每當一個時機來臨時，就以適當的行動做出反應。

二、在接著的第二週集中力量於第二個原則或第二種品德，並讓第一個原則為你下意識心理所接收。如果時機到來了，在你的意識心理中閃現出「要應用先前的那個原則」的意識，這時你就應用自我發動的警句「立即行動！」，於是你就行動起來了。每次每週集中力量於一個原則，而留下其他原則由習慣來執行，這種習慣是當時機到來時，在你的下意識心理中所形成的。

三、當十三種品德的訓練完成了時，再重複做一次。在一年內，像這樣的循環可完成四次。

四、當你已經獲得一種令人滿意的品德時，就用一種新的原則去代替一種新的品質、態度或活動，這些都是你所渴望要加以發揚的。

要找到適合於你的工作

讓我們談談關於「福勒製刷公司」創辦人的故事。

「福勒製刷公司」首要創辦人阿爾弗拉德‧福勒出身於貧苦的農場家庭，住在加拿大東南的新斯科夏半島。福勒似乎不能保住他的工作。事實上，在頭兩年中，他雖努力

每日自我檢查表

節制：食不過飽，飲酒不醉								
		日	一	二	三	四	五	六
1	節　制							
2	寡　言	*	*		*		*	
3	生活秩序	* *	*	*		*	*	*
4	決　心				*			*
5	儉　樸			*			*	
6	勤　勉				*			
7	誠　懇							
8	公　正							
9	適　度							
10	清　潔							
11	鎮　靜							
12	貞　節							
13	謙　虛							

維持生計，卻失去了三件工作。

但是，接著在福勒的生活中，發生了根本性的變化。因為他試圖推銷刷子。就在那時，福勒受到了激勵。他開始認識到他的最初的三件工作對他都是不適合的。他不喜歡那些工作。

那些工作並非自然而然地來到他的身邊，自然而然地來到他身邊的工作是推銷。他立刻明白了：他會把推銷工作做得很出色「他喜愛這種工作。所以福勒把他的思想集中於從事世界上最好的推銷工作。他是了不起的人。

他成了一個成功的推銷員。他在攀登成功的階梯時，又立下一個目標：那就是創辦自己的公司。如果他能經營買賣，這個目標就會十分適合他的個性。

福勒停止了為別人推銷刷子。這時他比過去任何時候都更為興高彩烈。他在晚上製造自己的刷子，第二天就出售。銷售額開始上升時，他就在一所舊棚裏租下一塊空間，雇用一名助手，為他製造刷子。他本人則集中精力於推銷。那個最初失去三件工作的孩子取得了什麼樣的最終結果呢？

福勒製刷公司擁有幾千名推銷員和數百萬美元的年收入！

你看，如果你能做自然而來的工作，你就更易於成功。

10 怎樣激勵別人

人生中，值得我們去做的事，就是值得我們去追求的。

懂得怎樣用有效的態度和悅人心意的手法去激勵別人，是十分重要的。你在整個一生中都會起著雙重作用：你激勵別人，別人也激勵你；既當雙親，又當孩子；既是教師，又是學生；既是推銷員，又是顧客；既是主人，又是僕人——你總是在扮演相對的兩種角色。

一位偉大的繼母

父母經常激勵孩子。我們是從愛迪生和他的母親那兒認識到這一點的。旁人對一個小孩的信心能使這個孩子信任他自己。當這個孩子感覺到他是完全沈浸在溫暖而可靠的信任中時，就會做得很出色。他不會費盡心機去保護自己免遭失敗的傷害，相反的他將全力地探索成功的可能性。他的心情是舒暢的。信任已經大大地影響了他——使得他把

自己內在的最美好的東西發揮出來了。愛迪生說：「我的母親造就了我。」

拿破崙・希爾本人在這方面也有親身的體驗——

當我是一個小孩時，我被認為是一個應該下地獄的人。無論何時出了什麼事，諸如母牛從牧場上放跑了，或者堤壩崩裂了，或者一棵樹被神祕地砍倒了，人人都會懷疑：這是小拿破崙・希爾幹的。

而且，所有的懷疑竟然都還有什麼種種的證明！我母親死了。我父親和弟兄們都認為我是惡劣的，所以我便真正是頗為惡劣的了。如果人們竟是這樣看待我，我才不會使他們失望的！

有一天，我的父親宣布：他即將再婚。我們大家都很擔心：我們的新「母親」是哪一種人。我本人斷然認為即將來到我們家的新母親是不會給我一點同情心的。這位陌生的婦女進入我們家的那一天，我父親站在她的後面，讓她自行面對這個場面。她走遍每一個房間，很高興地問候我們每一個人——直到她走到我面前為止。我站立著，雙手交叉著疊在胸前，凝視著她，我的眼中沒有絲毫歡迎的神情。

我的父親說：「這就是拿破崙，是希爾兄弟中最壞的一個。」

我絕不會忘記我的繼母是怎樣對待他這句話的。她把她的雙手放在我的兩肩上，兩眼閃耀著光輝，直盯著我的眼，這使我意識到我將永遠有一個親愛的人。她說：「這是最壞的孩子嗎？完全不是。他恰好是這些孩子中最伶俐的一個，而我們所要做的一切，無非是把他所具有的伶俐品質發揮出來。」

我的繼母總是鼓勵我依靠自身的力量，制定大膽的計畫，堅毅地前進。後來證明這種計畫就是我的事業的支柱。我絕不會忘懷她教導我：「當你去激勵別人的時候，你要使他們有自信心。」

我的繼母造就了我。因為她的深厚的愛和不可動搖的信心，激勵著我努力成為她相信我能成為的那種孩子。

所以你能用信任的方法激勵別人。但是要正確地理解信任，它是積極的，而不是消極的。消極的信任沒有力量，正如同不能觀察的眼睛的視力沒有力量一樣。必須採用積極的信任：必須說明你的信心，告訴別人：「我知道你在這工作中是會成功的，所以我和別人承擔了保證你的成功的義務。我們都在這兒，等待著你……」

當你對別人抱有信心時，他就會成功。

現在你可以用一封信來表達你對別人的信任。事實上，信件是表達個人的思想和激勵別人的極好的工具。

書信可以把生活改變得更好

任何人都可以寫一封信，提出建議，影響收信人的下意識心理。當然，這種建議的力量取決於幾種因素。

假定你是一位父親或母親，你的兒子或女兒遠在外地學校，你就能用信件完成你用別的辦法所不能完成的事。在信中你可以做到——

一、塑造孩子的性格。

二、討論一些問題，這些問題在面對面的談話中可能難以啟齒，或者即使涉及，也不會花費時間去討論。

三、表達你內心的思。

現在的男孩或女孩可能不大喜歡接受別人口頭上提出的勸告，因為當時的環境以及情緒無助於他們這樣做。然而，他們可能接受在書寫端正、語調親切的書信中所提出的勸告。如果這封信寫得很適當，它就可能被孩子們經常地閱讀、研究、消化。

而行政經理或銷售經理給他的推銷員寫封恰當的信，就能激勵他們打破原先的推銷記錄。同樣，一個推銷員如果寫信給他的經理，也會從這種激勵的工具中受益不淺。

一個人要寫信，就必須思考。寫信人必須把他的思想提煉到紙上，能提出問題，指導收信人做出令人滿意的事情來。如在信中提出一個問題，往往就可得到一封回信。

摩根證明至少有一種方法可以得到回信。他的妹妹抱怨她的兩個大學生兒子就是不肯寫家書。摩根說如果他寫信給這兩個孩子，就可以使他們立即回信。他的妹妹要他證實自己的話。他就給兩個外甥各寫了一封信。很快，兩個外甥都給他寫了回信。

他的妹妹吃了一驚，問道：「你是怎樣做成這件事的？」摩根就把兩封回信遞給她看。她看到這兩封信都談到大學生活有趣的信息和思家之情，而且兩封信的結尾部分都是相似的：「你隨信說附寄的十元，並沒有收到。」

用種種方法進行激勵人心

任何成功的銷售經理都懂得激勵推銷員最有效的方法之一就是親自到現場，和推銷員一同勞動，給他樹立榜樣。克里曼特．斯通曾經給推銷員們講述他們如何訓練一位推銷員的故事，鼓舞了許多人。他是這樣講這個故事的——

有一天晚上，我聽到一位推銷員抱怨說：他在西奧克斯中心已經工作了兩天，卻沒有賣出一樣東西。他說：「在西奧克斯中心出售商品是不可能的，因為那兒的人是荷蘭人，他們講宗派，不想買陌生人的東西。此外，這片土地歉收已達五年之久了。

雖然他這樣說，我還是建議我們第二天就到那兒去做生意。第二天我們驅車前往西奧克斯中心。在車上，我閉著眼睛，放鬆身體，靜思默想，調整心態。我不斷地考慮為什麼我能同這些人做成生意，而不去想為什麼我不能同他們做成生意。

我是這樣想的：他說他們是荷蘭人，講宗派，因此他們不願買我們的東西，那有什麼關係呢？眾所周知的事實是：如果你能將東西賣給一族人中的一個人，特別是一個領袖人物，你就能賣東西給全族的人。現在我所必須做的一切就是要把第一筆生意做給一位適當的人。即使要花費很長的時間，我也要做到這一點。

此外，他說這片土地歉收已達五年之久。還有什麼能比這一點更好呢？荷蘭人是極好的人，他們十分注重節約，做事認真負責，他們需要保護他們的家庭和財產。但他們很可能從沒有購買過意外事故保單。因為別的推銷員可能同和我一同開車的那位推銷員一樣具有消極的心態，從沒有向他們試銷過事故保險單。要知道，我們的保單只收很低的費用，卻能提供可靠的保障。

當我們到達西奧克斯中心時，我們首先進了一家銀行。當時那兒有一位副經理，一位出納員，一位收款員。二十分鐘內，副經理和出納員各買了一份我們公司所樂於銷售的最大的保單——全方位保單。接著，我們一個商店接著一個商店，一個辦公室接著一個辦公室地訪問每個機構中的每一個人，有條不紊地兜售著我們的保單。

一件驚人的事發生了；那天我們所訪問的每一個人都購買了全方位保單，沒有一個例外。在歸途中，我感謝神給我的援助。

啊！為什麼在這同一個地方，別人的推銷失敗了，而我的推銷卻成功了？實際上他失敗的原因和我成功的原因是相同的，除去還有一些別的東西外。

他說他不可能售給他們保單，因為他們是荷蘭人，並且有強烈的種族觀念。那是消極的心態。現在，我知道他們會買保單，因為他們是荷蘭人，並且有強烈的種族觀念。這是積極的心態。此外，他說他不可能售給他們保單，因為他們已歉收達五年之久。那是消極的心態。我知道他們會買，因為他們已歉收達五年之久。這是積極的心態。

我們之間的差別就是——消極的心態和積極的心態之間的差別。

後來，這位推銷員回到西奧克斯中心並待了很長的時間。在那兒他每天都取得了一定的推銷成績。只因為學會了用積極的心態從事工作，這位推銷員在他失敗了的地方成功了。這個故事說明了用榜樣激勵別人的價值。

還有一種行之有效的激勵人的方法是——指導人們讀一些勵志書籍。

美國東北部臨海的羅德艾蘭州首府普羅維登斯港「瓦爾特·克拉克同志會」的瓦爾

特，克拉克在兒童時代想當醫生，但是當他長大時，他又想當工程師。於是他就去學習工程學。然而，在哥倫比亞大學，他發現探索人類心理的功能十分有趣和引人入勝，他就放棄工程學，改攻心理學。最後，他得到了碩士學位。

瓦爾特・克拉克就到瑪西百貨公司以及其他幾個著名的公司擔任人事職員。那時，著名的心理測驗發展了特殊的信息。人們用這種測驗方法為公司提供申請就業者的信息：申請者的智商、資質和個性。但是有些重要的東西卻丟失了。

瓦爾特就努力尋找這種失掉了的因素。他想：「工程師能選擇適當的零件，並把它安裝到適當的位置上，以使機器能有效地發揮功能。我要為人們做的事也是這樣：選擇恰當的人擔任恰當的工作。」

瓦爾特像許多人事職員一樣，發現人們在工作上是常會失敗的，即使心理測驗表明他們有最佳的智慧，資質和個性，足以在這件工作上取得成就。「為什麼那時我們有這麼多的缺勤者、人事變動和失敗呢？」

現在，對這個問題的答案是十分簡單和明瞭的，而別的心理學家卻沒有發現這個答案，這倒是令人驚訝不已的事。因為你明白一個人不是一個機械體。人具有心理，他的成功或失敗都是由於他的心理受到了或未受到激勵。

因此，瓦爾特努力發展一種分析技術，它能——

一、指出在令人愉快的或痛苦的環境中，個人行為的傾向。

二、分析環境：能在有利形勢下吸引人的環境，或能在不利形勢下排斥人的環境。

三、在本質上指出「自然而然地來到」個人的事物。

使用這種技術，就能成功地分析一定的工作需要什麼樣的一定條件。

瓦爾特工作勤奮，不斷探索，因此能夠發現和準確地認識到他所正在尋找的東西。他發展了他稱之為「活動矢量分析的技術」，它的較著名的術語是「ＡＶＡ」；它的基礎是語義學，特別是個人對詞形的反應。瓦爾特根據就業申請者所給的答案，設計了一種圖表。他還求得了一個公式，用以設計類似的圖表，使之能適用於任何特殊的工作。當他發現申請者的圖表符合某種工作的圖表時，他便找到了人員與工作的完美的結合。

為什麼？因為這時申請者就會獲得自然屬於他的工作。一個人能做他所喜歡做的工作——這是很愜意的。

按照瓦爾特的設想，活動矢量分析唯一的目的是幫助商業管理——

一、選擇人員。

二、發展管理。

三、削減缺勤造成的高額費用。

四、加速人員的周轉。

瓦爾特達到了確定的主要目的。斯通多年來也在不斷地探索一種科學的勞動工具，以幫助他的代理人成功地解決他們的個人、家庭、社會、業務等方面的問題。他在尋找一種簡單、正確和可用的公式，以便把這種公式用於特定環境中特殊的個人，從而消滅臆測，並節省時間。

因此，斯通聽到「活動矢量分析」時，就做了調查，並立即承認：這正是他長期以來一直在尋求的勞動工具。他看出活動矢量分析可用於許多目的，大大超出了構思它時所定的目的。當他在瓦爾特的指導下學習時，他就得出了一個無可置疑的結論——

一、這個人的個性特點是什麼？

二、他的環境是什麼？

三、激勵著他的東西是什麼？

了解這幾種情況，你就能激勵這個人了。

成上千萬的人讀過富蘭克林的自傳，也許他們並沒有學會如何去應用這本書中所包含的成功原則。然而，至少有一個人照著做了，他就是——貝特吉。

貝特吉是商業上的失敗者，所以他經常傾聽可供他應用的信息，尋求一種可行的、切合實際的公式，這公式將有助於他幫助自己。這時，他發現了富蘭克林成功的祕密。

富蘭克林說，他的全部成功和幸福都僅僅歸功於一個概念——個人成就的一個公式。貝特吉認識了並應用了那個公式，結果使自己從失敗走向了成功。他在他的偉大的激勵人的《我怎樣在銷售中從失敗走向成功》一書中為我們闡述了這個情況。

為什麼你不去用富蘭克林的公式來贏得成就呢？如果你用了的話，你也會像貝特吉那樣他失敗走向成功，獲得你所尋求的東西——智慧、德行、幸福、健康或財富。

貝特吉把他的目標寫在分開的十三張卡片上。第一張卡片的標題是：「熱情」，附上的自我激勵警句是：「要熱情，就要行動熱情。」

威廉·詹姆斯作為偉大的心理學家，已經令人確信無疑地證明了：情緒不能立即降服於理智，但情緒總是能夠立即降服於行動。

行動可能是生理上的，也可能是心理上的。一種思想能夠像一種行為一樣激勵人，並有效地把消極的情緒轉變為積極的情緒。在這種情況下，不論是生理上的行動，還是心理上的行動，都是優先於情緒的。

先說明我們如何激勵了數以萬計的學生去應用貝特吉的方案，應用「熱情」卡片和自我激勵警句：「要熱情，就要行動熱情。」

我們叫一個學生到全班的前面，給他上一節簡單而有效的課，並要他立即學會。下面就是我們這樣做的經過。這是在教師和學生間常會發生的對話。

教師：「你想使自己具有熱情嗎？」

學生：「是的。」

教師：「那麼就請你學習這句自我激勵警句——要熱情，就要行動熱情。請重複說出這兩句話。」

學生：「要熱情，就要行動熱情。」

教師：「對的！在這個肯定句中，哪個是關鍵詞？」

學生：「行動。」

教師：「說得很對。現在我們來解釋這句話，這樣你就可以學會這個原則，如果你要做出生病的樣子，你該怎麼做？」

學生：「在行動上病了。」

教師：「你說得很好。如果你想變得憂鬱，你怎樣做呢？」

學生：「在行動上很憂鬱。」

教師：「說得也很對。如果你想變得熱情，你該怎樣做呢？」

學生：「要變得熱情，就要行動上熱情。」

我們接著就要指出：你要把這句自我激勵警句，同任何值得想望的德行或個人的目的聯繫起來。這樣，我們可以用「公正」作為一個例子，在一張卡片上可以寫：「要公正，就要在行動上公正。」

記住：當你接受了別人的觀念時，它就成了你的觀念，為你所用。現在我要用熱情的語調談話，也要你熱情地行動。為了能熱情地談話，可照下面的七點意見去做：

1．**大聲地講話！**如果你的思緒已經雜亂不堪，如果當你站在聽眾面前怕得發抖，你就特別要大聲地講話。

2．**迅速地講話！**當你迅速講話時，你的心理便能更快地發揮功能！如果你能集中力量快速閱讀，那麼，在你只用於讀一本書的時間內，你就能讀兩本書，並且獲得更透徹的理解。

3．**強調！**要強調重要的詞，即強調那些對你或你的聽眾是重要的詞，例如「你」這樣的詞。

4．**暫停！**在書面文字中需要用頓號、逗號、句號或其他標點符號的地方，你在迅速講話時，就要在這些地方做出適當的停頓。這樣，你就可以獲得戲劇性的靜默效果。這樣，聽眾就能趕上你所表達的思想。在你想強調的詞後面停頓一下，就能起強調的作用。

5．**使你的聲音帶著微笑。**這樣，你大聲而迅速地說話時，就能避免發音粗啞。你如面帶笑容，眼含微笑，就能使你的話音包含著微笑。

6．**改變聲調**！如果你講話的時間較長，這一點就很重要。記住：你能改變音高和音量。你能大聲講話，如果你願意的話，你還能間歇地改變成談話的語調和較低的音高。

7．**當你鎮定自若以後，你就能用熱情的、談話的語調講話了。**

立即行動！

你已經讀了富蘭克林所用過的十三條原則。你已經知道了熱情是貝特吉所用過的十三條原則中的第一條原則。你知道：「積極的心態」是十七條成功原則中的第一條。因此，如果你還沒有照富蘭克林的方法去做，那麼，你就開始實踐這十七張卡片中的第一張所示的原則。接著，把其餘的成功原則都寫在卡片上，逐一實踐。

這時你根據自我發動警句「立即行動！」而做出的行動，會毫無疑問地證明你能激勵自己。你能！如果你特意激勵自己，你就會發現，激勵別人也是很容易的。

II 有致富的捷徑嗎？

如果——你有積極的態度，你就走上致富之道了……

有致富的捷徑嗎？

捷徑的定義是：比按通常程序完成某事更直接、更迅速的方法，比通常採用的路線更直的路線。走捷徑的人了解他自己的目的地。他知道這條路線是較直的。然而，除非他開始動身，並且不管在途中遭遇到什麼障礙，他仍繼續向目標走去，否則他就絕不會到達目的地。

在第二章中我們列舉了十七條成功原則：

1．積極的心態
2．確立的目標
3．多走些路
4．正確的思考

10．熱情
11．集中注意力
12．協同合作精神
13．總結經驗教訓

5．自我控制

6．集體心理

7．應用信心

8．令人愉快的個性

9．個人的首創精神

14．創造性的見識

15．預算時間和金錢

16．保持身心健康

17．應用普遍規律的力量

現在我們重提這十七條成功原則，是想為你指出一條致富的捷徑。為了採取最直的路線，你必須用積極的心態進行思考，而積極的心態是來自應用這些成功原則。

「思考」這個詞只是一個符號。對你來說，它的意義要看你如何思考。當你用積極的心態進行思考時，你就能影響、應用、控制主觀和客觀的各種因素，或者同諸因素相協調。因此，對你來說，通向財富的捷徑可以敘述如下：

——用積極的心態思考致富！

因為，如果你能用積極的心態思考，你就能將本書所表達的各項行動原則運用到底，而這些原則能幫助你達到任何目標。

12 要吸引而不要排斥財富

用積極的態度去努力、學習、思考、計畫！

不論你是誰，不管你的年齡、文化程度、職業如何，你都既能吸引財富，也能排斥財富。我們——「要吸引，而不要排斥財富。」

這裡教你如何致富。你想致富嗎？你要說老實話。

假如你因病而不想努力獲得財富，那麼你就要記住瓊斯的經歷。如果你是一位住院的病人，你就該像喬治・斯太菲克那樣花時間從事研究、思考和計畫，以吸引財富。

在醫院的病床上——思考！

當我們研究成功者的事業時，我們常常發現：他們的成功一直可以追溯到他們當初拿起自我修養書籍的那一天。我們絕不能低估書籍的價值。書籍是一種工具，它能鼓勵你，使你大膽地走入一個別開生面的境界，它能照亮黑暗的日子，使你適應任何這種境界的需要。

斯太菲克在美國伊利諾斯州亨斯城退役軍人管理醫院療養。在那裡，他偶然發現思考的價值。經濟上他是破產了，但在他逐漸康復期間，他擁有大量時間。除去讀書和思考問題之外，沒有太多的事可做。他讀了《思考致富》一書，感到非常高興。

他想到了一個主意。斯太菲克知道：許多洗衣店都把剛熨好的襯衣折疊在一塊硬紙板上，以保持襯衣的硬度，避免縐紋。他給洗衣店寫了幾封信，獲悉這種襯衣紙板每千張要花費四美元。他的想法是：以每千張一美元的價格出售這些紙板；並在每張紙板上登上一則廣告。登廣告的人當然要付廣告費，這樣他就可從中得到一筆收入。

斯太菲克有了這個想法，就設法去實現它。

出院後，他就投入了行動中！

由於他在廣告領域中是個新手，他還到了一些問題。雖然別人說「嘗試發現錯誤」，但我們說：「嘗試導致成功。」斯太菲克最終取得了成功。

斯太菲克繼續保持他住院時所養成的習慣：每天一定時間從事學習；思考和計畫。

後來他決定提高他的服務效率，增加他的業務。他發現襯衣紙板一旦從襯衣上被撤除之後，就不會為洗衣店的顧客保留。於是，他給自己提出這樣一個問題：「怎樣才能使許多家庭保留這種登有廣告的襯衣紙板呢？」解決的方法展現於他的心中了。

他在襯衣紙板的一面，繼續印一則黑白或彩色廣告。在另一面，他增加了一些新的東西——一個有趣的兒童遊戲，一個供主婦用的家用食譜，或者一個引人入勝的字謎。斯太菲克告訴我們一個故事。一位男子抱怨他的一張洗衣店的清單突然莫明其妙地不見了。後來，他發現妻子把他連同一些襯衣都送到洗衣店去了，而這些襯衣他本來還可以再穿穿。他的妻子這樣做僅僅是為了多得一些斯太菲克的食譜。

但是斯太菲克並沒有就此停止不前。他雄心勃勃。他要更進一步擴大業務。他又向自己提出一個問題：「如何擴大？」他找到了答案。

喬治・斯太菲克把他從各洗染店所收到的出售襯衣紙板的收入全部送給了美國洗染學會。該學會則以建議每個成員應當使自己以及他的同業工會只購用喬治・斯太菲克的襯衣紙板作為回報。這樣喬治就有了另一個重要的發現：你給別人好的或稱心的東西愈多，你所獲得的東西也就愈多！

現在，精心安排的一段思考時間給喬治・斯太菲克帶來了可觀的財富。他發現：抽出一段時間，專用於思考，對於成功地吸引財富是十分必要的。

正是在十分寧靜的情況下，我們才能想出最卓越的主意。當你抽出一部分時間從事思考時，不要以為你是在浪費時間。思考是人類建設其他事物的基礎。如果你把你時間的1%用於學習、思考和計畫，你達到目標的速度將會是驚人的。

你的一天有一千四百四十分鐘。將這個時間的1%——僅僅14分鐘——用於學習、思考和計畫並養成這個習慣，你就會驚奇地發現：無論任何時候、任何地方：洗滌碗碟時、騎目行車時或洗澡時，你都可獲得建設性的主意。

你一定要使用人類曾經發明的最偉大而又最簡單的勞動工具——被愛迪生那樣的天才所應用的工具——一支鉛筆和一張紙。這樣，你就可以像他那樣記錄隨時來到你心中的靈感。

吸引財富的另一個必要條件就是學習如何樹立你的目標。了解這一點很重要。不少人即使認識到樹立目標的重要性，但卻不知道如何樹立目標。

樹立你的目標邁出第一步

要牢記以下四件重要的事項——

1．寫下你的目標。當你書寫時，你的思維活動會自然地使目標在你的記憶中產生一種不可磨滅的印象。

2．給你自己確定時限，安排達到目標的時間。這一點的重要性在於激勵你不斷地向目標邁進。

3．**把你的目標訂得高一些。**達到目標的難易程度與你付出的努力之間似乎有著直接的關係。你在第九章中已經發現了如何激勵自己，在第十章中已經發現了如何激勵別人。一般說來，只要你把你的主要目標訂得愈高，你為達到這個目標的努力也就會愈集中。

4．**胸懷壯志。**樹立人生更高的目標，不斷地向自己提出更高的要求。因為很明顯的事實是：更高的目標將激勵人們奮起戰鬥。

此外，你若能給你的目標規劃製訂出詳細的藍圖，那就更好了

目標確立以後，重要的事情就是採取行動。

一位六十三歲的老太婆，菲莉皮亞夫人，決定要從紐約市步行到佛羅里達州的邁阿密市。她到達了邁阿密市，在那兒一些記者訪問了她。他們想知道，這種長途跋涉的想法是否曾經嚇倒過她？她是如何鼓起勇氣，徒步旅行的？

「走一步路是不需要鼓起勇氣的。」菲莉皮亞夫人答道：「真的，我所做的一切就是這樣。我只是走了一步，接著再走一步。然後再一步，再一步，我就到了這裡。」

是的，你必須邁出第一步，然後一步一步走下去。否則，不論你花多少時間思考和學習，都是不會有收益的。

消極的心態能排斥財富

積極的心態能吸引財富，但消極的心態只能適得其反。

抱著積極的心態，你就會不斷地努力，直到你取得了你要尋找的財富。現在你可以從積極的心態出發，向前邁出你的第一步。這時你也可能受到消極的比態的影響，當你距離到達你的目的地只不過一箭之遙時，你卻停下來了。這裡有一個很好的例子：

這個故事的主人翁叫做奧斯卡。一九二九年下半年的某一天，他在中南部的奧克拉荷馬州首府奧克拉荷馬城的火車站上，等候搭乘火車往東邊去。他在氣溫高達攝氏43°的西部沙漠地區已經待了好幾個月，他正在為一個東方的公司勘探石油。

奧斯卡是麻省理工學院的畢業生。據說他已把舊式探礦杖、電流計、磁力計、示波器、電子管和其他儀器結合而成用以勘探石油的新式儀器。

現在奧斯卡得知：他所在的公司因無力償付債務而破產了。奧斯卡踏上了歸途。他失業了，前景相當暗淡。

消極的心態開始極大地影響他了。

由於他必須在火車站等待幾小時，他就決定在那兒架起他的探礦儀器用以消磨時間。儀器上的讀數表明車站地下蘊藏有石油。但奧斯卡不相信這一切，他在盛怒中踢毀了那些儀器。「這裡不可能有那麼多石油！這裡不可能有那麼多石油」他十分反感地反覆叫著。

奧斯卡由於失業的挫折，正贏在消極的心態的影響下。他一直尋找的機會就躺在他的腳下。但是由於消極心態的影響，他不肯承認它。他對自己的創造力失去了信心。

對自己充滿信心是十七條重要的成功原則之一。檢驗你的信心如何，是看在你最需要的時候，你是否應用了它。

那天，奧斯卡在奧克拉荷馬城火車站登上火車前，把他用以勘探石油的新式儀器毀棄了。他也丟下了一個全國最富饒的石油礦藏地。

不久之後，人們就發現奧克拉荷馬城地下埋有石油，甚至可以毫不誇張地說，這座城就浮在石油上。奧斯卡就成了這個原則的活生生的證明：積極的心態吸引財富，消極的心態排拆財富。

靠有限的薪水也能得到財富

也許你會說：「所有那些關於積極和消極的心態的問題，對於要賺一百萬美元的人說來是極好的。但我對於賺一百萬美元不感興趣。」

「當然，我需要安全。我需要足夠的財力，以便生活得很好。當我退休的時候，我需要一筆積蓄，以維持我今後的生活。」

「如果我是一個公司的雇員，僅靠薪水生活，我又該怎麼辦呢？」

現在談談我們的回答：

你也能得到財富。你既能確保經濟上的安全，又可得到財富，甚至是足以使你致富的財富。不管你怎麼說，只要你能讓你的法寶的另一面——積極的心態好好地影響你。

奧斯朋先生是靠工資生活的雇員，然而他得到了財富。幾年前當他退休時，他說：「現在我想要做的事，就是花時間使我的錢為我賺錢。」

奧斯朋先生所用的原則是太平凡了，以致它常常不為人所注意。

奧斯朋先生在閱讀《巴比倫首富》的時候發現：財富是可以獲得的，如果你——

1．從你賺得的每一美元中節省下十分錢來。

2．每六個月把你的儲蓄和利息或這種儲蓄投資時所得的利潤拿去投資。

3．當你投資時，要聽取專家關於安全投資的忠告，這樣你就不致冒險而喪失你的本金。

讓我們再重複一遍：以上三條正是奧斯朋的致富原則。你且想想這一點吧！從你賺得的每一元中節省十分錢，並進行安全投資，這樣，你就能得到安全和財富。

你應當何時開始呢？現在就做！

現在讓我們把奧斯朋先生的經歷同另一個人的經歷作個對比，這個人有健康的身體，並且讀過一本勵志書。當他被介紹給拿破崙・希爾時，他已五十歲了。

他笑著對希爾說：「多年前我就讀過了你的書，但是現在我還是不富裕。」

拿破崙・希爾笑起來了，然後他嚴肅地答道：「你能富裕，你的前程遠大，你必須預先做好準備，為了利用可以利用的機會，你首先必須發展積極的心態。」

有趣的是這個人確實很注意作者的忠告。五年後，這個人還是不富裕，但他已發展了積極的心態，擺脫了貧窮。他原先欠債達好幾千美元，在這五年期間，他償還了債務，並且已經開始用他所節約的錢從事投資。

記住，你的思想和你說的有關你自己的話，能決定你的心態。如果你有值得追求的目標，你只需找出為什麼你能達到這個目標的一個理由就行了，而不要去找出為什麼你不能達到這個目標的幾百個理由。

你想獲得你所想要的東西，還要做到，一旦看準了目標就立即行動，並且要「多走些路」。克里曼特・斯通自述的親身經歷，可以說明這兩條原則：

四月的一個晚上，我正在墨西哥城訪問弗蘭克和克勞迪婭夫婦。克勞迪婭談到：

「我盼望我們在加丁區能夠有棟房子。」（加丁區是這個美麗城市最令人嚮往的地方）

「你們為什麼還沒有呢？」我問。

弗蘭克笑了，答道：「我們沒有這筆錢。」

「如果你知道你想要什麼，那有什麼關係呢？」我問道。

未等回答，我又提出一個問題：「順便說一下，你是否讀過一本激勵人的勵志書，例如：《思考致富》、《積極思考的力量》、《我能》、《我激勵你》、《你的內在力量》、《應用想像力》、《打開你生活的綠燈》、《鑽石》或《信念的魔力》？」

「沒有。」這是回答。

於是我就告訴他們一些人的經歷：這些人知道他們想要什麼，讀了一些勵志書，聽從書中的意見，然後就行動。

我甚至告訴他們幾年前我以自己的條件——首次付款為一千五百美元的分期付款——購買了一棟價值三萬美元的新房子以及怎樣如期付清了房款。我答應送給他們一冊我推薦的書。

於是，弗蘭克和克勞迪婭下了決心。

就在這一年的十二月，當我正在我的書房裡鑽研時，我接到克勞迪婭打來的電話，

「我們剛剛從墨西哥城來到美國，弗蘭克和我所要做的第一件事就是感謝你。」

「感謝我，為什麼？」

「我們感謝你，因為我們在加丁區買了一棟房子。」

幾天後在吃飯時，克勞迪婭解釋道：「在一個星期六的傍晚，弗蘭克和我正在家裡休息。有幾位從美國來的朋友打電話來，要我們用汽車把他們送到加丁區去。

「恰好那時我們兩個人都相當疲乏了。此外，我們在本週早些時候已送過他們到那裡。弗蘭克正準備『請求原諒』，這時這本書上的一句話閃現於他的心中——多走些路。當我用汽車送他們通過這人造的天堂時，我看見了我所夢想的房子——甚至還有我所渴望的游泳池。」

「弗蘭克買了它。」

弗蘭克說：「你可能很想知道：雖然這棟房子的價值，超過五十萬比索，而我的存款只有五千比索。但我們住在加丁區新居的費用比住在舊居的費用還要少些。」

「這是為什麼呢？」

「唔，我們買了兩間套房，它們在財產上相當於一棟房子。我們將其中的一套租了出去，那間套房的租金足以償付整個房產的分期付款。」

這個故事畢竟並不十分驚人。一個家庭買了兩間套房，出租一間套房，自住另一間套房，這是很普通的事情。使人感到吃驚的乃是一個沒有經驗的人只要弄懂並應用某些成功原則，他就能容易地得到他所想要的東西。

我們說：「用積極的心態吸引財富。」你說：「錢生錢，而我沒有錢。」這是消極的心態。如果你沒有錢，就借用他人的資金吧！這就是下章所要討論的問題。

13 如果手頭拮据，請借用他人資金！

要有面對「真理」的勇氣。

「商業？這是十分簡單的事。那就是借用別人的資金！」小仲馬在他的劇本《金錢問題》中這樣說。

是的，商業是那樣的簡單：借用他人的資金來達到自己的目的。這是一條致富之路。富蘭克林是這樣做的，立格遜是這樣做的，希爾頓是這樣做的，凱撒是這樣做的，克洛克也是這樣做的。即使你很富裕，對於這樣的機會，你也不應放過。

現在，如果你不富裕，你更要閱讀本書。

借用「他人資金」的前提條件是：你的行動要合乎最高的道德標準：誠實、正直和守信用。你要把這些道德標準應用到你的各項事業中去。

不誠實的人是不能夠得到信任的。

「借用他人的資金」必須按期償還全部借款和利息。

缺乏信用是個人、團體或國家逐漸失去成功諸因素中的一個重要因素。因此，請你聽從明智而成功的班傑明・富蘭克林的忠告。

怎樣利用銀行的錢

富蘭克林在一七四八年寫了一本書，名為《對青年商人的忠告》這本書討論到「借用他人資金」的問題：「記住：金錢有生產和再生產的性質。金錢可以生產金錢，而它的產物又能生產更多的金錢。」

富蘭克林又說：「記住：每年六鎊，就每天來說，不過是一個微小的數額。就這個微小的數額來說，它每天都可以在不知不覺的花費中被浪費掉，一個有信用的人，可以自行擔保，把它不斷地積累到一百鎊，並真正當作一百鎊使用。」

富蘭克林的這個忠告在今天具有同樣的價值。你可以按照他的忠告，從幾分錢開始，不斷地積累到五百元，甚或積累到幾百萬元。這就是希爾頓做到了的事。他是一個講信用的人。

希爾頓旅館過去靠數百萬美元的信貸，在一些大機場附近為旅客連造了一些附有停車場的豪華旅館。這個公司的擔保物主要是希爾頓經營誠實的名聲。

誠實是一種美德，人們從來也未能找到令人滿意的詞來代替它。誠實比人的其它品質更能深刻地表達人的內心。

誠實或不誠實，會自然而然地體現在一個人的言行甚至臉上，以致最漫不經心的觀察者也能立即感覺到。不誠實的人，在他說話的每個語調中，在他面部的表情上，在他談話的性質和傾向中，或者在他待人接物中，都可顯現他的弱點。

雖然本章似乎只是論述如何借用別人的資金，但它也強烈地提出品德問題。

誠實、正直、守信用和成功在事業中是交錯在一起的，一個人具備了其中的第一種——誠實，就能在他前進的道路上獲得其餘三種。

威廉・立格遜是另一位有信用和誠實的人，他的書特別指出如何在不動產的領域中利用你的業餘時間，借用他人的資金賺錢。

他在《我如何利用我的業餘時間，把一千美元變成了三百萬美元》一書中說。

「如果你給我指出一位百萬富翁，我就可以給你指出一位大貸款者。」為了證實他的說法，他指出了一些富人，如亨利・凱撒，亨利・福特和瓦爾特・迪斯尼。

我們還願意指出：查理・賽姆斯，康拉德・希爾頓，威廉・立格遜等，都是靠銀行家的幫助，靠貸款致富的。

銀行的主要業務就是貸款。他們借給誠實人的錢愈多，他們賺的錢也愈多。商業銀行發放貸款的目的是為了發展商業，為了奢侈的生活貸款是不受鼓勵的。

銀行家是你的朋友，這一點是很重要的。他可以幫助你，因為他是那些渴望見到成功的人中的一人。如果你的銀行家很內行，你就要傾聽他的忠告。

因為一個通情達理的人絕不會低估他所借到的一塊錢，或者他所得到的一位專家的忠告的價值。正是使用他人資金和一項成功的計畫，再加上積極的心態、主動精神、勇氣和通情達理等成功原則，使得一個叫做查理。賽姆斯的美國孩子變成了巨富。

德克薩斯州東北部達拉斯城的查理・賽姆斯是一位百萬富翁。然而他在十九歲時，除去已找到了工作和節省了一點錢以外，並不比大多數十幾歲的孩子更富裕。

查理・賽姆斯每星期六都定期到一家銀行去存款，這家銀行的一位職員便對他發生了興趣。因為這位職員覺得他有品德，有能力，並且又懂得錢的價值。

所以當查理決定自行經營棉花買賣的時候，這位銀行家就給他貸款。這是查理・賽姆斯第一次使用銀行貸款。

正如你將看到的那樣，這並不是最後一次貸款。於是他領悟到——你的銀行家就是你的朋友。並且從那時起，他的這個看法一直在受到證實。

這個年輕人成了棉花經紀人，大約過了半年以後，他又成了騾馬商人。成功使他深刻領。悟到一個人生哲理——通情達理。

查理當了騾馬商人幾年之後，有兩個人來找他，請他去為他們工作。這兩個人已經贏得了卓越的保險推銷員的好聲譽。他們來找查理，是因為他們從失敗中得了一個教訓。情況是這樣——

這兩位推銷員成功地推銷人壽保險單達許多年之久，他們受到激勵，自己開辦了一個保險公司。他們雖然是出色的推銷員，但都是蹩腳的商業管理員，因此，他們的保險公司總是賠錢。

人們常常認為要想在商業中取得成功，只有依靠推銷。這是一個荒唐的見解，拙劣的經營管理賠錢的速度比賺錢的速度更快。他們的苦惱就是他們兩人中沒有一個是優秀的管理人才。

但是他們取得了教訓。他們在見到查理時，其中的一個對查理說：「我們是優秀的推銷員。現在我們認識到我們應當堅持自己的專長——推銷。」他猶豫了一會，審視看這位年輕人的眼睛，又繼續說：「查理，你有良好的經營知識，我們需要你。我們合作就能成功。」

他們就這樣合作起來了。

一項計畫和借用他人資金帶來的利益

幾年以後，查理・賽姆斯購買了他和那兩個推銷員所開辦的公司的全部股票。他怎樣得到這筆錢的呢？當然，他是向銀行貸款的。記住：他很早就領悟到：應把銀行家作為自己的朋友。

在當年，這個公司的營業額就幾乎達到四十萬美元。就在這一年，這位保險公司經理終於發現了迅速發展的成功途徑，而這個途徑正是他長期以來一直在尋找的東西。他從芝加哥一家保險公司應用「提示」成功地發展業務中受到啟示，找到了成功的途徑。

那時有些經理業已多年應用所謂「提示」制度來開拓新的業務。推銷員如果有了足夠的良好的「提示」，就常常能夠獲得巨大的收入。那些對某種業務有興趣的人所提出的詢問就叫做「提示」。這種「提示」一般是由某種形式的宣傳廣告而獲得的。

也許你根據經驗已體會到：由於人的天性，許多推銷員羞於或害怕向那些他們所不認識或以前沒有個人交往的人推銷東西。由於這種恐懼心理，他們浪費了大量的時間，他們本來可以用這些時間找到可能成為顧客的人。

但是，即使是一位很一般的推銷員，如果他獲得不少的「提示」，他就會因受到激勵可去訪問那些提出詢問並可能成為顧客的人。因為他知道：當他獲得了良好的「提示」時，他，就能找到合適的推銷對象，推銷就可能成功，即使他本人也許只受過很少的推銷訓練，或者只有很少的經驗。

如果無論什麼樣的先決條件都沒有，一個人被迫去推銷，他就會感到恐懼，但如果這個人有了「提示」，他就不會那樣恐懼了。有些公司就根據這樣的「提示」而制定整個的推銷計畫。

廣告是用以獲得「提示」的方式，但是登廣告的費用很大。

查理・賽姆斯想到了州立德拉斯共和銀行，便知道了可到什麼地方去籌措資金。因為，在德克薩斯州，大家都知道這個銀行願意幫助建設德克薩斯州。

貸款給查理・賽姆斯這樣正直、有計畫而又懂得如何執行計畫的人正是屬於這個銀行的業務範圍。

確實有些銀行家不肯花時間去了解他們當事人的業務，而州立共和銀行的職員凱特和其他職員都願意這樣做。查理向他們解釋他的計畫。結果，他得到了貸款，用以透過「提示」系統，建設他的保險公司。

正是由於這種信貸制度，查理・賽姆斯在短短的十年期間，把保險公司營業額從四十萬美元發展到了四千萬美元以上。正是由於他在投資活動中能借用他人資金，所以他擁有對若干企業利潤的控制權。

斯通怎樣用賣方的錢買了價值一百六十萬美元的公司？

但是你並不需要到德克薩斯州去借用他人資金。斯通就是用賣方自己的錢買了資產達一百六十萬美元的保險公司。

那時是年底，我正在從事研究、思考和計畫。我決定了下一年我的主要目標是建立一個保險公司，並使它能獲准在幾個州開展業務。我把完成此項計畫的最後期限定在下一年的十一月三十一日。

現在，我知道我需要什麼了，達到這個目標的日期也定了。但是我不知道我怎樣去達到這個目標。這實在不是很重要的事，因為我知道我能找到這個途徑。因此，我想我必須找一個公司，它要能滿足我的兩個需要：一、它有出售意外事故和人壽保險單的執照。二、它能允許我在各州開展業務。

當然，還有資金問題。但是，我想那個問題我會有辦法解決的。

當我分析了我面臨的問題時，我認為，首先應當讓外界知道我需要什麼，才會得到幫助。（這個結論並不違背希爾在《思考致富》中所提出的一些原則，在那本書中，他說：你要把你的確立的目標保密，除了對那些給你出謀略的人。當我發現了我所想要購買的公司時，我當然要遵循他的建議，把雙方的協商保密，直到我結束了這筆交易為止。）所以當我遇到業界中能給我提供信息的人時，我就告訴他我在尋找什麼。

超級保險公司的吉伯遜就是這樣的人，我只是偶然地見過他一次。

我以飽滿的熱情迎來了新年，因為我有一個巨大的目標，並且我已著手去達到這個目標。一個月過去了，兩個月又過去了，六個月過去了，十個月快過去了，但我還沒有物色到一個能滿足我的基本要求的公司。

在十月的一個星期六，我坐在我的書桌旁，檢查了今年我實現目標的時間表。除去一件——重要的一件，一切都完成了。

我對自己說：只剩兩個月了，有辦法的。雖然我不知道這是什麼辦法，但我知道我會到這個辦法。因為我絕不會想到我的目標不會實現，或者它不會在特別限定的時間內實現。我相信：天無絕人之路。

兩天後，奇蹟終於發生了。我正在書桌旁工作時，電話鈴聲響了起來。我拿起聽筒，一個聲音說道：「喂，斯通，我是吉伯遜。」我們的談話很簡短，我將不會忘掉它。吉伯遜十分急促地說道：「我想我這裡有一個你聽了會很高興的消息：馬里蘭州的巴的摩爾商業信託公司將要清償賓西凡尼亞意外保險公司，由於它遭受了巨大損失。你當然知道：賓西凡尼亞意外保險公司歸巴的摩爾商業信託公司所有。下週四信託公司將在巴的摩爾召開董事會。所有賓西凡尼亞意外保險公司的業務，已經由商業信託公司所屬的另外兩家保險公司再保險。商業保險公司副總經理的名字是瓦爾海姆。」

我向吉伯遜道了謝，又問了兩個問題，就掛了電話。我突然想到：如果我能制定一個計畫，提供給商業信託公司，他們按此計畫比按照他們自己所提出的計畫可以更快、更有把握地實現他們的目標的話，那麼，說服董事們接受這項計畫是不會太困難的。

我不認識瓦爾海姆先生，因此為該不該打電話給他而猶豫不決，但是我覺得速度是非常重要的東西。是這樣一句自我激勵的警句迫使我行動起來。

「如果一件事做不成不會有什麼損失，而做成了卻會有巨大的收穫，你就一定要努力去做。立即行動！」

我不再遲疑，立即拿起聽筒，打長途電話給巴的摩爾的瓦爾海姆。

「瓦爾海姆先生。」我開始說，聲音帶著微笑：「我有好消息告訴你。」

我做了自我介紹，並解釋道：「我聽說商業信託公司對賓西凡尼亞意外保險公司有可能採取清償措施。我想我可以幫助你們更快地達到這個目的。」我當即約定第二天下午二點，到巴的摩爾去見瓦爾海姆先生和他的助手。

第二天下午，我的律師柯林頓和我見到了瓦爾海姆先生和他的助手。

賓西凡尼亞意外保險公司滿足了我的需要。它有一張執照，獲准在三十五個州開展業務。它沒有保險業務了，因為別的公司已經給它的業務做了再保險。商業信託公司把這個附屬公司出售之後，就可更快、更有把握地達到它的目標。此外，他們還收到我為這張執照所付的二萬五千美元。

現在這個公司有一百六十萬美元的資產：包括可轉讓的股票和現金、是怎樣弄到這一百六十萬美元的呢？靠借用他人資金。事情的經過如下——

「這一百六十萬美元的資產怎麼辦呢？」瓦爾海姆先生問道。

我已經準備好了這個問題，我立刻答道：「商業信託公司有貸款業務。我將向你們貸款這一百六十萬美元。」

我們都笑起來了，接著我繼續說：「你會獲得一切，而不會有任何損失。因為我所有的一切，包括我現在正在買的價值一百六十萬美元的公司，都可支付這筆貸款。此外，我們有貸款這項業務。還有什麼能比你們將賣給我的這個公司更好的抵押品呢？而且，你們還將收到這筆貸款的利息。對你們來說，更重要的是：這種方式將更快、更有把握地幫助你們解決問題。」

瓦爾海姆先生又提出另一個重要問題：「你打算怎樣歸還這筆貸款呢？」

我也準備好了這個問題。我的答覆是：「我將在六十天內清償全部貸款。」

「你知道，我在賓西凡尼亞意外保險公司所獲准的三十五個州的營業範圍內開辦事故和健康保險公司，並不需要超過五十萬美元的資金。當這個公司以後全部歸我所有時，我所必須要做的第一件事情就是減少賓西凡尼亞意外保險公司的資本和餘款，把一百六十萬美元減少到五十萬美元，於是我就能把餘下的錢用來歸還你的貸款。」

接著，另一個問題又向我提了出來：「你如何償還那五十萬美元的差額呢？」

我說：「這應當是很容易的。賓西凡尼亞意外保險公司擁有大量資產，包括現金、政府公債和高級擔保品。我能向那些一直與我有往來的銀行借這五十萬美元，而以我在賓西凡尼亞意外保險公司的利息作擔保，並以我的其他資產作為保證歸還貸款的額外擔保品。」

當天下午五點鐘，這筆交易談妥了。

這個事例用以說明一個人透過借用他人資金達到自己目的的步驟。如果你翻回到第十一章，你便可看到那兒所敘述的原則在這兒得到了應用。

雖然這個故事說明借用他人資金能幫助一個人，但是濫用貸款和不按期償還貸款則是有害的，它們是造成憂慮、挫折、不幸和虛偽的主要根源之一。

警告——借用他人資金要注意市場週期

一九二八年上半年，斯通還是一位年輕的推銷員，他去訪問芝加哥大陸伊利諾斯國民銀行和信託公司的一位職員。當時這位銀行家正在同一位顧客談話，斯通便在一旁等著。這時他從旁聽到銀行家說：「市場不能保持永遠上升，我正在出售我的股票。」（這就是說這位銀行家預測到經濟蕭條時期將要到來，所以採取了行動。）

美國有些最聰明的投資者，今年還擁有財富，到了來年股票市場急遽下跌的時候，便喪失了財富，因為他們缺乏週期的知識，或者他們雖有週期的知識，卻未能像那位銀行家那樣，立即行動起來。

那時，各行各業，包括農人，由於他們的財富是透過銀行的信貸而獲得的，所以都失去了自己的財富。當他們的擔保品的價值上升時，他們就借更多的錢，買更多的擔保品、耕地或別的資產。而當他們的擔保品的市場價值下跌、銀行家被迫向他們收回貸款時，他們就無力付還貸款，以致破產。

週期是定期循環的。所以在一九七〇年的上半年，數以千計的人再度失去他們的財富，因為他們未能及時出售他們的部分擔保品，還清他們的貸款，或者因為他們沒有自行限制，還在購進新的擔保品，負上新債。當你借用他人資金時，你一定要計畫好怎樣才能向借款給你的個人或機構還清貸款。

重要的是：如果你已喪失了你的部分財富或全部財富，仍要記住：週期是循環的。要毫不猶豫地在適當的時候重新奮起。今天的許多富人也是曾經喪失過財富的人。但是，由於他們沒有喪失積極的心態，他們有勇氣從自己的教訓中獲得教益，結果，他們終於獲得了更多的財富。

如果你想多學習一些關於週期的知識，請你參考杜威和曼丁諾所著《週期——觸發事件的神祕力量》。你可發現這本書特別有益。

在商業中，有幾個數字在打開成功之門的密碼鎖中是非常重要的，如果你失去了其中一個或幾個數字，你就不能打開這把鎖了，直到你重新找到它們為止。

借用他人資金是那些原來貧窮的誠實人致富的手段。資金或貸款是打開商業成功之門上的密碼鎖的一個重要密碼。

失去的數字

有一位年薪在三萬五千美元的青年推銷經理寫道：「我有一種感觸，這種感觸是人人都會有的，那就是：一個人會覺得自己站在一個錢櫃的前面，除去一個密碼之外，他擁有打開這把鎖的所有其它的密碼。只差一個數字！如果他有了這個數字，他就能打開這個錢櫃的門。」

貧窮和富裕的差別，往往僅在於是否應用了一個原理。

有一個人的經歷可以說明這一點。這個人起初替一位化妝品製造商推銷化妝品，後來他本人設法進入了商界。他就是拉汶。

拉汶在他自己的經營中，像任何從零開始起步的人一樣，面臨著一些問題。你以後可以看到這是好的。為什麼這是好的呢？因為他必須研究、思考、計畫和努力工作，以便獲得解決每個問題的方法。

拉汶和他的妻子愛麗絲是一對理想的經營者。他們極為協調地共同工作。他們自己製造出一種化妝品，同時還擔當其他幾個公司的推銷員。由於他們缺乏營業資本，所以他們不得不親自操勞。

當他們的事業發展起來時，愛麗絲成了優秀的管理和購銷專家。當他們的事業興旺起來時，他們以頗為通情達理的方式——就是那種能建功立業的方式，十分聰明地接受了律師的服務。他們也從一位會計和稅務專家的服務中取得了效益。

致富之路就是重複地生產（或出售）一種產品（最好是一種低價的必需品）或提供一種服務，他們正是這樣做的。他們把節省下來的每一塊錢都再投資到商業中去。「需

要」激勵著他們研究、思考和計畫；使得一塊錢能發揮許多塊錢的作用，從每一個工作小時中取得最大的效果，杜絕浪費。

當拉汶雄心勃勃地尋求不斷打破過去的銷售記錄的業績時，他們的銷售額便逐月上升了。他在這種行業中成了專家。

對許多人來說，拉汶是一位著名的學會了多走些路的人。他在兩件事例中用多走些路的辦法完全改善了他事業的進程。

一個事例是：拉汶的銀行給他介紹了三位銀行的主顧，他們三人向另一家化妝品公司做了投資。他們需要向一位在行的人請教。拉汶就抓住時機，幫助了他們。

另一事例是：他給洛杉磯一個雜貨店的顧客幫了一次大忙。後來，這位顧客為了表示謝意，就為他傳遞了一個極為機密的商業信息：「生產一種上等美髮乳VO-5（台譯・美吾髮）的一家公司可能要賣掉。」

拉汶十分激動。因為這個已有十五年歷史、生產上等產品的公司，現在都要賣掉。這對他擴大自己的事業是一個絕好機會。

拉汶立即行動起來。事實上，就在那天晚上，他就同那個公司的業主商談好了。通常在這種交易中，買方和賣方互相並不認識，因而需要好幾週，有時需要好幾個月的時間進行磋商——然後才能取得意見上的完全一致。當然，無論是賣方還是買方的令人愉快的良好性格和通情達理的態度，往往都能消除不必要的拖延。由於拉汶的令人愉快的良好性格和通情達理的態度，該公司的業主就在那天夜裡，同意以四十萬美元把公司賣給拉汶。

當時，拉汶的商業經營得的確很興旺，但他把他所能夠節約的每一塊錢都再投資到商業中去了。但他從哪裡去籌措四十萬美元呢？

那天夜裡，他認識到他雖已經有了打開真正財富之門的所有其它密碼，卻差一個密碼——資金。

第二天早上，當他醒來時，他有了一閃而來的靈感。他按照自我發動警句——「立即行動！」而再度行動起來，透過長途電話找到他的銀行家曾經給他介紹過三位顧客中的一位。他曾經幫助過他們，也許他們能給他提供一些正確的建議和幫助。事實上他們做到了這點。

那三個人都富有投資的經驗，他們成功的投資公式是——

一、鞏固自己所有的業務。

二、把自己的全部努力集中於一個有限公司。

三、這個公司要在五年期間，按四分之一分期付款償清貸款。

四、按貸款的現行利率付息。

五、把公司25%的股票作為鼓勵投資的獎金。

拉汶接受了他們按這個方式給予的四十萬美元的投資。不久，拉汶的VO-5美髮乳就流行於美國各地和許多國家了。

對化妝品製造商來說，十二月通常是一年中最漫長的月份。但是，在拉汶和愛麗絲接管那家公司的一年半以後的那個十二月份中，工廠的營業額達到八十七萬美元。這個數額相當於原先那個VO-5美髮乳和洗髮精公司一年的營業額。

拉汶和愛麗絲找到了失去的數字。他們用這個數字發現了打開財富之門大鎖的密碼。因為僅僅在獲得VO-5美髮乳公司的三年之後，他們公司的財產淨值已超過了一百萬美元。

拉汶成功密碼的數字是——

1．一種產品或服務，它能重複生產、出售或提供。

2．一個公司，能靠獨家生產的優良產品獲取利潤。

3．一個優秀的經驗豐富的生產經理，他經營工廠能取得最大的效率。

4．一個成功的有經驗的營業經理，他能不斷地增加銷售額；堅持運用成功的銷售公式，同時尋求更好的銷售方法。

5．一位具有積極心態的優秀管理人員。

6．一位熟練的會計，他懂得成本計算和所得稅法。

7．一位優秀的律師，既有判斷力，又有積極的心態，能把事情辦好。

8．足夠的工作資本或貸款，以便在適當的時候，能開創並發展業務。

現在，如果你學習本章以及第十二章所講的原則，你就能像拉汶和愛麗絲一樣，找到失去了的密碼數字，為你自己打開通向財富的大門。

但是，為了富裕和幸福，你必須滿足於你的工作。當你閱讀下一章時，你將學會如何滿足於自己的工作。

14 怎樣找到工作中令你滿意之處？

失敗也可以是一塊成功的墊腳石。

無論你從事什麼工作——廠長或工人，醫師或護士，律師或祕書，教師或學生，主婦或女工，你都要找到你工作中令你滿意的地方。

你能找到，你知道怎樣去找。滿意是一種心態。你的心態是為你所有的、完全受你控制的一種東西。

如果你能做那些「自然而來的事情」，而你對這些事情又有天然的才能或愛好，你就很容易於其中找到令你滿意之處；而當你接受一項你並不喜愛的工作時，你則可能會受到心理或情緒上的挫折。然而，如果你能運用積極的心態，如果你能受到激勵去獲得經驗，從而對你的工作變得熟練，你就能紓解並戰勝這種挫折。

阿賽姆具有積極的心態。阿賽姆熱愛他的工作，他在工作中找到了滿意之處。

阿賽姆是誰？他做什麼工作？

阿賽姆的故事

阿賽姆是夏威夷王族的後裔，他是一個大公司設在夏威夷的辦事處的銷售經理。

阿賽姆熱愛自己的工作，因為他對他的工作既了解又掌握了熟練的技能。這樣，他做起工作來就得心應手一些。當然，阿賽姆還是會遇到工作上的困難的。一個人如果對推銷工作不研究、思考和計畫，以便克服困難，並保持積極的心態，遇到這樣的困難，就可能感到不安。所以阿賽姆經常閱讀勵志、自助的書籍。

阿賽姆過去透過閱讀這樣的書籍學到了三個很重要的原則——

一、使用自我激勵的警句，以控制自己的心態。

二、確立目標比沒有目標更使你易於認識那些會幫助你達到這個目標的事物。如果你具有積極的心態，你把你的目標定得愈高，你的成就也將愈大。

三、在任何事情上要想取得成功，都有必要懂得那些事情的發展規律，並了解如何應用這種規律。還有必要定期從事建設性的思考、研究學習和計畫。

阿賽姆相信這些原則，並用行動親自實踐這些原則。他研究他的公司的推銷手冊，並且實習他在實際推銷中所學到的東西。他確立了他的高目標，極力爭取。每天早晨他都對自己說：「我覺得健康！我覺得愉快！我覺得大有作為！」他的確是健康、愉快和大有作為的，而他的推銷結果也的確很可觀。

當阿賽姆確信他對推銷工作很熟練的時候，他就把一群推銷員召集到自己的身邊，把他所學到的經驗教給他們，並用他的公司的訓練手冊中所提出的最新、最好的推銷方法，訓練他們。他讓他們樹立高銷售目標，並用積極的心態去達到這個目標。

每天早晨阿賽姆小組都聚會一次，熱情地同聲背誦：「我覺得健康！我覺得愉快！我覺得大有作為！」然後他們一起笑，互相拍拍背，祝賀一天的好運氣，然後各人幹自己的活，去完成他們當天的銷售定額。他們每人都定了一個目標，目標之高，以至使全美年齡較大和經驗較豐富的推銷員和銷售經理都感到吃驚。

每逢週末，每個推銷員都遞交一份推銷報告，這使得阿賽姆的機構的總經理和推銷經理都樂得合不攏嘴。

阿賽姆和他所領導的推銷員真的很愉快，真的對他們的工作很滿意嗎？你可以相信這一點，其主要的理由在於——

1．他們已經對自己的工作非常熟練，他們了解和掌握了自己工作的規律和技術，以及如何應用這些規律，所以他們做每件事都能得心應手。

2．他們定期確立目標，而且相信能達到目標。他們知道：只要用積極的心態去

做，他們就能達到預期的目的。

3．他們能應用自我激勵警句，以便持續地保持積極的心態。

4．他們能享受隨著圓滿完成工作而來的快樂。

我覺得健康！我覺得愉快！我覺得大有作為！

阿賽姆的同事中還有一位青年推銷員，使用阿賽姆的自我激勵警句，以控制自己的心態。他是一個十八歲的大學生，只在暑假期間到這家公司擔任出售保險單的推銷員。在兩週的理論訓練期間，他學到了不少東西，其中有——

1．一位推銷員在離開推銷學校後的最初兩週內所養成的習慣，應在他的事業中保持不變。

2．當你有了一個推銷目標時，你就要不斷努力，直到達到這個目標為止。

3．力爭上游。

4．在你需要的時刻，要用自我激勵警句，如「我覺得健康！我覺得愉快！我覺得大有作為！去激勵你自己朝向預定的方向前進。

在他有了一些推銷經驗之後，他就定了一個特殊的目標——獲得獎金。要想做到這一點，他至少要在一週內推銷成功一百次。

到那一週星期五的晚上，他已經成功地推銷了八十次，離要求還差二十次。這位年輕人痛下決心：什麼也不能阻止他達到目標。他相信他所受到的教育：人的心理所能設想和相信的東西，人就能用積極的心態去獲得它。雖然他那一組的另一位推銷員在星期五就結束了一週的工作，他卻在星期六的早晨又回到了工作崗位。

到了下午三點鐘，他還沒有做成一次買賣。他受過這樣的教育：交易可能發生在推銷員的態度上——不在推銷員的希望上。

這時，他記起了阿賽姆的自勵警句，熱情地把它重複五次：「我覺得健康！我覺得愉快！我覺得大有作為！」

大約在那天下午五點鐘，他做了三次交易。這距他的目標只差十七次了。他記起了：成功是由那些肯努力的人所取得的，並為那些應用積極心態而不斷努力的人所保持的。他又熱情地再重複幾次：「我覺得健康！我覺得愉快！我覺得大有作為！」大約在那天夜裡十一點鐘時，他已累得像一條狗了，但他是愉快的：那天他做成了二十次交易！達到了他的目標贏得獎金，並學到一個道理：不斷的努力能把失敗轉變為成功。

心態可以造成差別

情況就是這樣：正是積極的心態激勵阿賽姆及他所領導的推銷員去發現他們工作中令人滿意的事情，正是受人控制的積極心態幫助了這位年輕的學生獲得了獎勵。

且看看你的周圍，注視一下那些喜愛他們工作的人和那些不喜愛他們工作的人。在他們中間有什麼不同呢？

那些幸福而滿意的人，能控制他們的心態。他們積極地對待他們的工作。他們總在尋找好的東西，當某種東西並不太好時，他們首先摸索是否能改進它。他們努力學習有關自己工作的知識，以便能更加熟練地掌握工作技能，從而使他們自己和雇主都對他們的工作感到滿意。

但是，那些不愉快的人緊緊抓住他們的消極心態。真的，好像他們寧願處於不愉快的精神狀態中。他們專事尋找他們該抱怨的每一樣東西：營業時間太長、午餐時間太短、老板太執拗、公司沒有給足夠的年假或獎金。有時他們竟然會抱怨一些不相干的事，例如：舒茜每天都穿同樣的衣服，會計員約翰寫字不清楚等等。他們在工作上以及在生活中都是不愉快的人，消極的心態完全占有了他們。

能否發現工作中令人滿意之處是與所做的工作種類無關的。如果你想有愉快和滿意的心情，你就得控制你的心態，把你的法寶從消極的心態那一面翻轉到積極的心態那一面，這樣你就能找到一些方法和方式，創造幸福。

如果你能把幸福和熱情帶到你的工作環境中去，你就會做出少有的貢獻。如果你使得你的工作饒有趣味，你就會用微笑和努力提升業績來表達你對工作的滿意。

在我們的一個學習班裡，我們正在討論一個人應當如何把他的熱情傾注到工作中去，這時一位年輕的婦女在教室的後面舉起手，她站起來說道：「我是和我的丈夫一起到這裡來的。你的話對於一個做生意的人來說也許是對的，但是對於一個家庭主婦來說都沒有益處。你們男人每天都有有趣的新任務要做。但是家務勞動就無法相比了，做家務勞動的煩惱是單調乏味，令人厭煩的。」

這好像是對我們的一個真正的挑戰。有許多人在做這種「單調乏味」的工作。如果我們能找到一種方法幫助這位少婦，也許我們就能幫助許多自認為自己的工作是單調乏味的人。

我們問她什麼東西使得她的工作如此地「單調乏味」。她回答說，她剛剛鋪好床，床就馬上被弄亂了。剛剛洗好碗碟，碗碟就馬上被用髒了；剛剛擦淨了地板，地板就馬上被弄得污泥一片。「剛剛把這些事做好，馬上就會被人弄得像是未曾做過一樣。」

教師說：「這真是令人掃興。有沒有婦女喜歡家務勞動？」

她說：「啊！有的，我想是有的。」

「她們在家務勞動中發現什麼使得她們感到有趣、保持熱情的東西沒有呢？」

少婦思考了片刻回答道：「也許在於她們的態度。她們似乎並不認為她們的工作是禁錮，而似乎看見了超越日常工作的什麼東西。」

這就是問題的癥結。工作滿意的祕密之一就是能「看到超越日常工作的東西」。要知道你的工作是會取得成果的。這句話是對的，無論你是家庭主婦、祕書、加油站的操作員，或者大公司的總經理，只要你把日常瑣事看作是前進的墊腳石，你就會從中找到令人滿意的地方。每項瑣事都是一塊墊腳石，它通向你所選擇的目標。

應用墊腳石理論

於是，給這個少婦的答案便是要找到一個目標，這個目標是她真正想達到的，並且還要找到一種方法，使她的家務勞動能通向這個目標。這位少婦自動提供了一個信息：她總是想帶她的全家環遊世界。

「很好。」教師說：「就以這為妳的目標。現在，妳要給自己規定一個時間。妳想什麼時候實現這一目標呢？」

「當我們的孩子十二歲時。」她說：「也就是六年以後。」

「好的，讓我們考慮一下。這需要採取一些步驟。首先妳需要籌集旅費，這是一件事，還有妳的丈夫必須離開工作單位一年，妳必須制定一個旅行計畫，要研究妳想旅遊的國家。妳試想妳能找到一種方式，使得你的鋪床、洗碗、做飯和擦地板都能成為你奔向這個目標的墊腳石嗎？」

幾個月之後，這個少婦又來看我們。當她一走進門，我們就明顯地看出她為自己的成功感到自豪。

她告訴我們：「令人吃驚的事是這種墊腳石的想法起的作用多好啊！我沒有發現任何一樣瑣事不適合這個想法！我把我的洗滌時間作為思考和計畫時間。購物時間是擴大我視野的最好時間：我選擇性地購買進口食品，它們將是我們在旅遊中要吃的食品。我還利用吃飯的時間：如果我們要吃中國的雞蛋麵條，我就閱讀我所能找到的關於中國的一切書籍，在吃飯時，我再把這些知識告訴家人。從此，家務事對我就不再是枯燥無味的了。我知道：由於墊腳石理論，我的家務事也絕不會再像以前那樣令人厭煩了！」

所以你的工作不論如何單調乏味或令人厭煩，如果你能看到在這工作的末了，就是你所盼望的目標，那麼這個工作就能給你帶來滿意。這是各行各業中的許多人都會面臨的情況。

才能往往與工作種類沒有什麼因果關係。一位很聰穎、雄心勃勃的青年可能崛起於出售蘇打水供應器、刷洗汽車或當清潔工等職業中。當然，這類工作並沒有給他提供挑戰或激勵，它僅僅是一種達到某種目的的手段。然而，因為他知道他正在走向他所嚮往的目標，對他來說，無論工作怎樣辛勞，只要有助於他取得最終的成果，他就會滿意地接受。

然而，有時一個人要付出很高的代價，才能達到自己嚮往的目標。因為，如果你對你的工作感到不愉快，這種不滿的毒害就會擴展到你生活的各方面，增加你達到目標的困難度。

如果你的工作值得你付出代價，你就要激勵鬥志，永不滿足。不滿可能是積極的或消極的，好的或壞的，這完全決定於你的心態。

激勵鬥志，永不滿足

富蘭克林人壽保險公司前總經理貝克說：「我敦勸你們要永不滿足。不滿足的含意不是心灰意懶，而是上進性的不滿足。這種不滿足在全世界的歷史中已經產生了很多真正的進步和改革。我希望你們絕不要滿足。我希望你們永遠迫切感到不僅需要改進和提高你們自己，而且需要改進和提高你們周圍的世界。」

不滿足能激勵人們從弱者變成強者，從失敗走向成功，從苦難走向幸福，從貧窮走向富裕……

當犯了錯誤時，你該怎麼辦呢？？當事情出了問題時，當他人對你產生了誤解時，當你遭遇到失敗時，當一切似乎都是暗淡無光時，當你的問題看起來好似不可能有令人滿意的解決途徑時，你又該怎樣做呢？

難道你能無所作為，聽任困難壓倒你嗎？難道你就束手無策，逃之夭夭嗎？

面對困難你能激勵鬥志，把不利條件轉變為有利條件嗎？你能確定你需要什麼嗎？當你認識到你所嚮往的目標能夠並將要實現時，你能應用切實而清醒的思考並積極行動起來嗎？

拿破崙・希爾說：「每種逆境都含有等量利益的種子。」你想想：在過去有些事情似乎有巨大的困難或不幸的經歷，它們卻鼓舞著你取得了成功和幸福；沒有這些東西，你反而不會取得這種成功和幸福。你想想：這種情況難道不是真實的嗎？

永不滿足能夠激勵你取得成功。愛因斯坦是不滿足的，因為牛頓的定律不能解答他的一切問題。所以他不斷地探究自然和高等數學，終於提出了「相對論」。根據這種理論，人們找到了擊破原子的方法，懂得了質量與能量互相轉換的關係，並成功地征服了空間和解決了許多令人費神的問題。如果愛因斯坦沒有這種永不滿足的精神，這些成就不可能取得。

當然，我們並非都是愛因斯坦，我們的奮鬥結果不一定能改變客觀世界，但它都能改變我們的主觀世界，使我們能沿著我們所要走的道路前進。現在，讓我們告訴你：當蘭澤對他的工作感到不滿足以後，發生了什麼事。

當時蘭澤在俄亥俄州東北坎頓城已經當了好幾年的電車售票員。他越來越不喜歡他的工作，甚至對他的工作感到厭煩。他的不滿幾乎變成了一種擺脫不了的執念。

但是，蘭澤進了「成功學——積極的心態」學習班，學習使他懂得：如果一個人想要愉快的話，他做任何工作都可以很愉快，關鍵是要有積極的心態。

根據這個原則，蘭澤明智地估量了一下形勢，看看他在這種形勢中究竟能做些什麼事。他問自己：「我怎樣才能對這個工作感到愉快呢？」

他得到了一個極好的答案。他認定如果他能使別人愉快，他自己就會更愉快。

現在他可以使許多人很愉快，因為他每天都在電車上遇到許多人。他本來就是那種能夠使他的朋友感到高興的人，所以他想：「我要利用我的這個特點使得每天搭我電車的人都感到愉快。」

乘客們認為蘭澤的計畫是極好的，他們非常喜歡他那殷勤周到的接待和愉快親切的問好。由於他的殷勤和體諒，乘客們感到很愉快，而蘭澤自己也是這樣。

但是他的主管卻採取了相反的態度。這位主管警告他要停止這種異乎尋常的殷勤。但是蘭澤並不理會這個警告。他使別人愉快，他就感到高興。就他和乘客的關係來說，他的工作取得了極大的成功。

蘭澤被解雇了。

這樣蘭澤就有了一個問題——這也是一件好事。至少，根據成功學的原則來說，這是好的。蘭澤決定請教希爾（那時希爾就住在坎頓城），看看這個問題為什麼好，以及好到什麼程度。他就打電話給希爾，約定次日下午會面。

會面時蘭澤說：「我讀過《思考致富》這本書，希爾先生，我也學習了採取積極的心態。的成功學，但是，我必定是在什麼地方走錯了路。」他把他的遭遇告訴了希爾，接著他問道：「現在我該怎麼辦呢？」

希爾笑道：「讓我們看看你的問題。你對你的工作是不滿足的，你做得完全正確。你努力應用你最好的資產：你的友好和殷勤的態度，獲得並給工作帶來更多的滿意。問題來自這個事實：你的主管並沒有透過想像看到你所做的價值。但那是件大好事，為什麼？因為你現在能夠應用你的優秀品格去爭取更大的目標。」

拿破崙・希爾向蘭澤指出：他能把他卓越的才能和友好的氣質應用到更能發揮這些

特長的工作上，例如當推銷員就比當電車售票員優越，而且更利於發揮他的才能。蘭澤聽取了他的忠告，不久就向紐約人壽保險公司申請工作，他做了該公司的代理人。

蘭澤所訪問的第一個顧客，就是那個無軌電車公司的經理。蘭澤對這位先生推心置腹，所以當他走出這位經理的辦公室時，皮包裡增加了一張購買十萬美元保險的訂單！

希爾最後一次會見蘭澤時，他已成了紐約人壽保險公司最大的老板之一。

你是圓榫中的方柄嗎？

個性、能力、才能在這個環境中能使你愉快和成功，在另一個環境中可能產生相反的結果。你有一種傾向：喜歡做好你所想要做的事。當你做不稱心的工作或從事自己不擅長、內心上很討厭的工作時，你就像「圓榫方柄」。但在這種令你不愉快的情境中，你仍能改變你的地位，把自己置於愉快的環境中。

或許改變你的個性和才能是不太可能的。那麼，你可把你的環境做一些調整，使之符合你的個性、能力、才能，以使你愉快起來。當你做這件事時，你便是在把圓榫眼改方，也就是改變環境，使其適合你的需要，這樣就可幫助你把消極的態度改變為積極的態度，解決問題。

15 你的崇高信念

你分給別人共享的東西，會有所增加。你保住不給別人的東西，會減少下去。

我們將同你談談一個信念，如果你懷著這個信念，你將擁有一筆財富，這個信念就是——幫助別人。這個信念將給你帶來巨大的幸福，因為你的品格將得到發展，你將得到真摯的友誼。

這個「原則」由作家道格拉斯在許多場合戲劇般地表述過了。

道格拉斯原是牧師，退休之後，他就投入影響更為廣泛的勵志教育活動：寫小說。他做牧師能影響數以百計的人，他的書能影響數以千計的人，他的電影能影響數以百萬計的人。他對每一個人都進行同樣的教導。但是這種教導從來也沒有像長篇小說《崇高的信念》所表達的那樣清楚。

樹立一種信念——一種壯麗的信念——幫助他人。

你給予他人幫助或送給他人東西，並非要得到報酬、補償或讚美。尤其重要的是你要對你的善行保密。如果你這樣做了，你就能使一個普遍規律的力量發揮出來——你做了好事而力圖避免報酬，祝福和報酬反而會大量降臨於你。

無論你是誰，你都能懷有崇高的信念

每個人都能以他自己的一部分力量幫助別人。你不要以為只有富有的人才能實現這個信念。不管你做什麼工作，你都可以在你的心中培養一種熾烈的願望：幫助他人。

例如，有一個人，你絕不會知道他的名字，因為那是祕密。

有一天，一個美國兒童俱樂部的代表要他以很少的贈予幫助美國兒童俱樂部，他拒絕了。這個俱樂部的唯一目的就是對孩子們進行品德教育。

「滾出去！」他說：「我病了，我討厭人們向我要錢！」

這位代表只好轉身離去，剛剛走到門口，他又停住腳步，轉過身來，親切地望著書桌後的那個人，說道：「你不想同這些貧困的人分擔疾苦，但是我願意同你分享我所有的一部分東西——一句禱文：願上帝祝福你。」說罷他就迅速地轉過身，出去了。

你看，這位兒童俱樂部的代表隨著一時閃現的激勵情緒，記起了——「……銀子和金子我都沒有，但是，要是我有了這樣的東西，我就贈送給你。」

過了幾天，發生了一件有趣的事。

說過「滾出去！」的那個人敲著兒童俱樂部辦公室的門，問道：「我可以進來嗎？」他隨身帶著一張五十萬美元的支票。他把這張支票放到桌上，說道：「我贈送五十萬美元有一個條件：請你絕不要讓任何人知道我做了這件事。」

「為什麼不讓人知道呢？」代表問他。

「我不希望孩子們知道我的名字，因為我不是一個好人，我是一個罪人。」

這就是你為什麼不知道這個人的名字的原因，只有那個兒童俱樂部的代表和一些贈予者中最偉大的某一位才知道他的名字。但你要明白一點，他捐助錢財是為了使孩子們避免做出他所做過的錯事。

就像那位兒童俱樂部的代表一樣，你可能沒有錢，但是你能同別人分享你所擁有的一部分東西。你也能像他一樣，成為偉大事業的一部分。你也能在需要給予的時候慷慨地給予。

你最貴重的財產和最偉大的力量常常是看不見和摸不著的。沒有人能拿走它們。你，只有你，才能支配它們。

你分給別人的東西愈多，你擁有的東西也會愈多。

現在，如果你懷疑這一點，你可自行加以證明，辦法是：給你所遇到的每個人一次微笑、一句親切的話、一句令人愉快的答話、發自內心的溫暖的感激、喝采、鼓勵、希望、信任和稱讚、良好的思想和愉快等等。

如果你能做一次實驗：給予別人上述任何一種精神財富，你將體會到：當你把你的東西與別人分享時，你留下的東西就會擴大和增加，而你留住不給別人的東西就會縮小和減少。因此，你應與別人分享好的和值得嚮往的東西，保留那些壞的和不值得嚮往的東西。

你要成為偉大事業的一部分

我們聽說一位母親失去了她唯一的孩子：一個美麗而活潑的十四歲女孩，這孩子給每一位有幸認識她的人都帶來了笑容和鼓舞。這位母親為了消除她的損失所造成的悲傷，就培養了一種崇高的信念，並投身於偉大的事業之中。今天她和美國千千萬萬的婦女在一起，正在努力使這個世界成為值得生活的更美好的世界。由於她懷著美好的崇高的信念，從事極為崇高的工作，我們寫信給她，問她是否能讓我們分享那種幫助她產生崇高信念的東西。

她的回答是——

「失去愛女的痛苦不會遠離我的心田。她是在摯愛中受孕的，以摯愛培育起來的，她是我們的整個未來和一切希望。全能之神從我們手中奪去了這唯一的孩子，我們的損失無法估量。未來光明的前景變得暗淡了，因為我們的生命之燈已經熄滅。我們的生活變得空泛無味，所有甜蜜的東西都變得苦澀了。

「我丈夫和我的反應同每一個失去親人的人的反應完全一樣，籠罩在我們心頭的是那個永遠得不到回答的問題——為什麼？我的丈夫退休了，為了排遣心中的痛苦，我們賣掉了房子，到處旅行。但是當我們面對嚴峻的現實，當我們不能逃離悲傷和痛苦的記憶時，我們才回轉來。慢慢地，極其慢地，我們認識到損失並不是我們獨有的。我們尋找過安慰，但毫無所獲，因為我們的動機是以自我為中心的。花費了幾個月的時間，我才開始接受這個事實：我們的歡樂、健康和安全都是全能之神帶來的祝福，這些無限仁愛中的每一種，就其真正的意義和失不可得的可貴價值來說，都應當受到珍愛。

「由於上天把我丈夫的愛給了我，由於我能生活在我們偉大的國家裏，由於我的朋友和我的未受損傷的五官感覺，由於我周圍一切良好的東西，我要向全能之神表示感激和謝意。現在我要努力使我自己沿著正確的方向前進。

「全能之神雖然奪去了我最親愛的孩子，但作為補償，他給了我一種仁愛之情……我經常在社會工作中尋求適當的位置，我相信社會工作終將給我一個機會，使我為人類留下一筆遺產，以代替我可愛的女兒。現在，我最熱烈的願望就是：所有受到喪失親人之苦的人們，能在幫助他人中找到慰藉和寧靜。」

今天，這位極善良的母親在崇高的信念中找到了寧靜和慰藉。

如果一個人能夠拿出他自己的一部分東西去幫助他人，全國——實際上全世界——都能受到他的崇高信念的影響。

馬登就是這樣的人。靠他的幫助，一些人的消極態度變成了積極的態度。

思想的種子長成了一種崇高的信念——馬登的故事

馬登在七歲時就成了孤兒，這時他不得不自己去尋找住處和食物。早年他讀了蘇格蘭作家斯瑪爾斯的《自助》一書。斯瑪爾斯像馬登一樣，在孩提時代就成了孤兒，但是，他找到了成功的祕訣。《自助》一書中的思想種子在馬登的心中形成了熾烈的願望，發展成崇高的信念，使他的世界變成了一個值得生活的更美好的世界。

在一八九三年經濟大恐慌之前的經濟繁榮時期，馬登開辦了四家旅館。他把這四家旅館都委託給別人經營，而他自己則花了許多時間用於寫書。實際上，他要寫一本能激勵美國青年的書，正如同《自助》過去激勵了他一樣。正當他勤奮地寫作時，令人啼笑皆非的命運捉弄了他，也考驗了他的勇氣。

馬登把他的書叫做《向前線挺進》。他的座右銘是：「要把每一時刻都當做重大的時刻，因為誰也說不準何時命運會檢驗你的品德，把你置於一個更重要的地方去！」

就在這個時候，命運開始檢驗他的品德，要把他安排到一個更重要的地方去了。一八九三年的經濟大恐慌襲來了。馬登的兩間旅館被大火燒得精光，即將完成的手稿也在這場大火中化為灰燼。他的有形財產都付諸東流了。

但是馬登具有積極的心態。他審視周圍，看看國家和他本人究竟發生了什麼事。他的第一個結論是：經濟恐慌是由恐懼引起的，諸如恐懼美元貶值、恐懼破產、恐懼股票的價格下跌、恐懼工業的不穩定等。

這些恐懼致使股票市場崩潰。五百六十七家銀行和貸款信託公司以及一百五十六家公司都破產了。失業影響了數以百萬計的人們，而乾旱和炎熱，又使得農作物歉收。

馬登看著周圍物質上的和人們心靈上的廢墟，覺得有必要來激勵他的國家和人民。有人建議他自己管理其他兩家旅館，他拒絕了。占據他身心的是一種崇高的信念。馬登把這種信念同積極的心態結合在一起。他又著手寫一本書。他的新座右銘是一句自我激勵語句：「每個時機都是重大的時機。」

他告訴朋友們說：「如果有一個時候美國很需要積極心態的幫助，那就是現在。」

他在一個馬廄裏工作，只靠一塊半美元來維持每週的生活。他日以繼夜不停地工作，終於在一八九三年完成了初版的《向前線挺進》。

這本書立即受到了熱烈的歡迎。它被公立學校作為教科書和補充讀本，它在商店的職工中廣泛傳播，它被著名的教育家、政治家以及牧師、商人和銷售經理推薦為激勵人們採取積極心態之最有力的讀物。它以二十五種不同的文字同時印行，銷售額高達數百萬冊。

馬登和我們一樣，相信人的品質是取得成功和保持成果的基石。並認為達到了真正完滿無缺的品質本身就是成功。他指出了成功的祕密，但是他反對追逐金錢和過份貪婪。他指出：有比謀生重要千倍的東西，那就是追求崇高的生活理想。

馬登闡明了為什麼有些人即使已成為百萬富翁，但仍然是徹底的失敗者。那些為了金錢而犧牲了家庭、榮譽、健康的人，一生都是失敗者，不管他們可以斂聚多少錢財。他又教導說——一個人即使沒有成為總統或百萬富翁，也可以是一個成功者。

也許馬登最偉大的成就之一就是使人們認識到：如果他們僅僅應用他們的孩子所具有的那些美德，他們就可以取得成功。

《向前線挺進》有助於全體人民把消極的態度改變為積極的態度，這也許完全可以作為對馬登的報酬。何況全世界都感受到了他的那種影響。

馬登證明了——熾烈的願望能夠產生動力，引起行動。這是為取得偉大的成就所絕對必要的。

如你所見，馬登靠勇氣和犧牲才把他的崇高理想變成了現實。實現理想是需要勇氣的。你可能會孤軍作戰和受人訕笑、輕視，就像偉大的發明家、哲學家和天才也可能會被稱為「瘋子」或「傻瓜」或「怪人」一樣。專家們也可能斷定你所努力進行的事是不能做成的。但隨著時間的推移，不斷的努力終會使你的理想成為現實。當人們說「這不能做」時，你就探索一種方法去做吧！

儘管障礙重重，崇高的理想終將得勝！

許多年前，芝加哥大學的幾個學生帶著嘲弄的態度，去聽多伊爾先生關於心理學的演說。然而，他們中間一個名叫萊茵的學生卻為演說者的嚴肅精神所感動，開始認真聽了。某些觀念給他印象很深，他無法從心中排除這些觀念。多伊爾先生談到一些很有聲望的人，他們不斷地探索心理現象的奧祕。萊茵決定進行調查，並從事一些研究。

北卡羅萊納州杜克大學的萊茵博士談到他從前聽多伊爾先生演說的事時說：「按說有些東西，我，作為一個學生，應當早就知道了。但我直到聽了他的演講以後，才開始認識到其中的一些東西。我所受的教育忽視了許多重要的東西，例如求知的方法。我開始看到現今教育制度中的某些缺點。」

他對尋找一種新的求知方法發生了興趣。他開始憎恨這樣一種制度，按照這種制度探索任何形式、任何論點的真理，都變成了一種戒律。他產生了一個熾烈的願望：科學地學習真理，學習運用人的心理力量。

萊茵本來打算把他的一生奉獻給大學教學工作，這時，為了實現他的理想，他決定改為從事研究工作。有人告誡他說這會使他失去名譽、優渥的待遇；朋友和同事也都嘲笑他，並且力圖阻撓他。但他告訴一位身為科學家的朋友：「我必須為我自己探索。」

這位朋友答道：「你要是發現了什麼，就留作自己用吧！沒有人會相信你的！」

在過去的四十五年中，萊茵博士面對輕視、嘲笑和不公正的評價進行了不屈的鬥爭。但在那些年代中，他最感苦惱的就是缺乏必要的財力，不能擴大研究。他唯一的腦波掃描器是從廢物堆中拾來的一個醫院拋棄的機器殘骸裝配起來的。

今天仍有許多人在探索真理的路途中遇到種種障礙，幾乎在任何學院或大學裏，你都可以找到像萊茵博士那樣艱難地獻身於科學事業的人。

金錢和崇高的信念！你可能會問：「我們怎麼能夠把這兩者相提並論呢？」我們則要反問：「金錢難道不好嗎？」

金錢好嗎？許多具有消極心態的人常說：「金錢是萬惡之源。」但是《聖經》說：

「愛財是萬惡之源。」這兩句話雖然只有一詞之差，卻有很大的差別。

本書的作者吃驚地觀察到具有消極心態的讀者對《思考致富》這本書反應不佳。因為他們認為金錢是有害的。為了發展積極的心態，有必要糾正他們對於金錢的片面看法。在我們的社會中，金錢是交換的手段。金錢就是力量。但金錢可以用於好事，也可以用於壞事。

金錢好嗎？我們認為它是好的。

卡內基的故事將使讀者深信，卡內基能同別人分享他所擁有的一部分東西：金錢、哲學以及其他東西。事實上，如果不是由於卡內基，《人人都能成功》是不會寫成的。這就是本書為什麼要獻給他的原因。

讓我們談談關於他的事。讓我們學習他的哲學。讓我們看看如何才能把他的哲學應用到我們的生活中去。

一個貧窮的蘇格蘭移民的孩子變成了美國最富有的人。他那動人的經歷和勵志哲學，可以在《安德魯・卡內基自傳》中讀到。

卡內基在整個一生中所受到的激勵都是來自於一個簡單的基本哲理：「人生中任何有價值的東西，都值得為它而勞動。」他勤奮地工作直到八十三歲逝世。在此期間他一直明智地與人們分享他那巨大的財富。

一九〇八年，十八歲的希爾訪問了這位偉大的鋼鐵大王、哲學家和慈善家。第一次訪問持續三小時之久。卡內基告訴希爾：他的最巨大的財富不是金錢，而是在他的哲學中。他在世時給了希爾極大的幫助，因為他說：「人生中任何有價值的東西，都值得為它勞動。」

現在希爾懂得了：應用這句自我激勵警句就會得到幸福、健康以及財富。任何人都能學會和應用安德魯・卡內基的人生準則。

通常一個人總是能夠在他有生之年把他的一部分有形財富同他所摯愛的人共享，或者他可以在他的遺囑中這樣做。

但是，如果每個人都能像安德魯・卡內基那樣，在去世時留給後代一個能帶來健康的哲學或技能，這個世界就會更好。

除去我和我的兄弟，他們都在獄中

他一生都在幫助受害的兒童。他這樣做是為了感激那兒的一個兒童俱樂部拯救並培養了他——歐文・魯道夫住在芝加哥的一個貧窮的巷子裡。他兒時和一群困苦的孩子終日顛沛流離，為生存而奔波。一天，一個兒童俱樂部在這個巷子的一所廢棄的教堂裡開辦起來了。

「唯有我們兄弟倆是我們這一群人中經常出入這個俱樂部的人。」歐文解釋道：「除去我們以外，其他人都在坐牢。如果不是由於芝加哥兒童俱樂部林肯分部所做的一切，我們也會坐牢的。」

歐文感激兒童俱樂部為他兄弟倆所做的一切，所以他終生都在幫助住在那雜亂的巷子裡的孩子們。由於他的努力和熱心，芝加哥各個兒童俱樂部都收到了大量的捐款。由於他，許多有影響的人都被吸引到這項事業中來了。

「我覺得我的工作僅僅是象徵性地償還了我對上帝的感激，他使我們兄弟倆受到了教育。」歐文又說：「且請參觀一下一個兒童俱樂部，那兒所做的一切多好啊！孩子們有了他們所需要的東西，這些東西也正是我過去所需要的。」

現在有成千上萬的男男女女在犧牲他們的時間和金錢，幫助美國的童子軍，以實踐他們的崇高信念。你的生活也可以從他們的崇高信念中得到教益，如果……

如果你盡最大的努力，不讓說謊和欺騙損害你的榮譽，並且永遠努力承擔你的義務和責任……

如果你在思想上和身體上都能保持清潔……

如果你能為了他人的利益而站起來直言；如果失敗能夠激勵你去爭取成功——如果

你有勇氣面對著危險……

如果你忠誠地工作，又能充分利用你的機會；如果你不揮霍浪費你的財產，以便你在世上能自謀生活，還能慷慨地幫助那些處在貧困中的人們，並對有價值的事業提供經濟上的幫助；如果你每天做一件好事，而不期望獲得報答……

如果你對所有的人都友好，對每個活著的男人、女人和小孩，不管種族、膚色或信仰，都如兄弟一般對待……

如果你的生活達到了這些標準，你就站在了成功之路的起點上，你已得到了打開城堡的鑰匙。現在，準備好奪取成功吧！

16 如何提高你的能量？

透過積極的心態提高你的能量水平！

今天你的能量水平如何？你醒來時就急切地要面對眼前的任務嗎？你是否從離開早餐桌時就懷著要趕去上班的急切情緒？你經常熱情地投入工作嗎？

你不是這樣嗎？也許在此之前，你還沒有具備那些你應當具備的活力和生氣。也許在一天剛開始時你就感到了疲乏，然後拖拖沓沓，勉強做完一天的工作，毫無樂趣可言。如果是這樣，就讓我們來談談這個問題吧！

如何提高能量水平？

田徑教練沃爾夫是美國卓越的教練之一，在他的指導下，有幾位中學生已經打破了全國預備學校的田徑記錄。

他是怎樣訓練這些新星的呢？沃爾夫有一個雙重規定。他教他們要同時增強他們的心理和身體素質。

「如果你相信你能做到什麼，在大多數情況下，你就能做到。」沃爾夫說。

你有兩種類型的能量。一個是身體上的能量，另一個是心理上和精神上的能量。後者比前者要重要得多，因為在必要的時候，能從你的下意識心理中吸取巨大的能量。

例如，人們在緊張情緒的驅使下，能使自己的體力和耐力達到在正常情況下絕不能達到的程度。曾經發生過一次汽車事故，丈夫被卡在翻了的汽車下面動彈不得。他的嬌小脆弱的妻子在緊急時刻，竭力抬起了汽車，將丈夫救了出來。一個神經錯亂的人，當他發狂時，也能夠具有他在正常情況下所絕不可能有的力量。

班尼斯特在給《運動畫報》所寫的一系列文章中談到，他用心理訓練和身體訓練相結合的方法進行鍛鍊，因而於一九五四年五月六日第一次打破了四分鐘跑一英里的世界記錄，實現了體育界長期以來所尋求的夢想。他用好幾個月的時間進行心理控制訓練，使他適應這個信念：「這個成績是可以達到的。」有些人認為四分鐘跑一英里是這個項目的極限，要突破它是不可能的。班尼斯特認為它是一個大門，一旦透過了它，就會為自己及其他一英里長跑運動員打通取得新成就的道路。

當然，他是對的。班尼斯特引了路。在四年多的時間裏，繼他首先打破四分鐘一英里的記錄之後，他和其他的長跑運動員又先後四十多次打破了這個記錄。僅一九五八年八月六日在愛爾蘭都柏林的一次比賽中，就有五位長跑運動員以不到四分鐘的時間跑完了一英里！

教給班尼斯特創造這個奇蹟的人是伊利諾斯大學身體適應實驗室主任庫里頓博士。庫里頓博士發展了關於身體能量水平的革命的觀念。他說，這種觀念可以應用於運動員，也可以應用於非運動員。它能使長跑運動員跑得更快，使普通人活得更久。

「沒有『為什麼』的理由。」庫里頓博士說：「任何人在五十歲時都不能像在二十歲時那樣適應環境——除非他懂得如何訓練他的身體。」

庫里頓博士的理論體系基於兩個原則——

一、訓練全身。

二、把你自己推進到耐力的極限，並隨著每一次的練習而擴大極限。

庫里頓博士給歐洲運動明星檢查身體時，同班尼斯特成了熟人。他注意到班尼斯特身體的某些部位驚人地發達。

例如：就身體的大小來說，他的心臟比常人大25%。但是，班尼斯特身體的另一些部分的發育就不及一般人了。班尼斯特接受了庫里頓博士的忠告：要鍛鍊身體的各個部分。他學到了透過爬山去訓練他的心理，培養他克服困難的意志。

與此同等重要的事是：他學會了把一個大目標分解為若干小目標。班尼斯特推論：

一個人跑一個四分之一英里比他連續跑四個四分之一英里要快些，所以他訓練自己要分開想到一英里中的四個四分之一。他在訓練中先是衝刺第一個四分之一英里，然後就繞著跑道慢跑，作為休息。

接著他再衝刺另一個四分之一英里。他的目標是以五十八秒鐘或更少的時間跑完四分之英里。58″×4＝232″，亦即三分五十二秒。他總是跑到極限點。而每次，他都在加大訓練極限。終於他用三分五十九秒六的成績打破了一英里長跑的世界記錄。

庫里頓博士教導班尼斯特說：「身體忍受的訓練強度愈大，它的耐力也就愈強，所謂『過度訓練』和『精疲力竭』的說法都是荒誕的。」

但是他又強調說：休息同鍛鍊一樣重要。身體只有透過刻苦鍛鍊才能健壯。體力、活力、能量就是這樣發展的。身體和心理兩者的休息過程也是恢復體力和精力的過程。如果你不讓身體有一個休息的機會，它就可能受到嚴重的損害甚至死亡。

現在是給你的電池，再充電的時候嗎？

在墳墓裏做一個最富裕的人並不是一件光榮的事。你可能想做最好的科學家、醫師、總經理、推銷員或雇員，卻不想過早地躺在裝飾最美的墓石之下。可愛的父親、母親、妻子、兒女都能給你帶來幸福，為什麼有時他們卻相反地給你帶來了悲哀呢？為什麼有人要禁錮在精神療養院裏，或者把六尺之軀用防腐藥物保存起來，讓它躺在一層如茵的綠草之下呢？——僅僅因為不必要的耗損用罄了電池，而電池又沒有再充電。

小孩雖然不知道自己什麼時候過度疲勞，但他會在行為和動作上表現出這一點。少年人可以認識到自己是過度疲勞了，但不肯承認，甚至對自己也不肯承認

當你的能量水平很低時，你的健康和你的優良性格就可能被消極的情緒所壓制，就像蓄電用完，機器就無法正常運轉一樣。

當你的能量水平是零時，你便是死的。怎樣解決能量問題呢？給你的蓄電池充電！怎樣充電呢？鬆弛、運動、休息和睡眠！

下面所列的表可以幫助你判斷你的能量水平。當你感覺到你的能量水平在悄悄地下降時，你就可以用這個表核對一下。而且你的「電池」是否需要再充電，也決定你是否有下列的行動和感覺——

1．過分嗜睡，過分疲倦

2．不機智，不友好，好猜疑

3．易發脾氣，好侮辱人，對人懷敵意

4．易受刺激，愛挖苦人，吝嗇

5．神經過敏，易於激動，歇斯底里

6．易於煩惱、恐懼、嫉妒

7．性情急躁，殘酷無情，過分自私

8．易受挫折，沮喪，易動感情

當你疲勞的時候，你平時積極的、令人滿意的情感、情緒、思想和行動就會轉變為消極的。當你休息好了，身體十分健康時，你的發展方向就會轉回到積極的方面。疲勞常常在你的內心形成最糟的東西。當你的「電池」充了電，而你的能量和活動水平上升到標準水平時，你就達到理想的狀態了。那就是你用積極的心態思考和行動的時候！

如果你的感情和動作表明你的優點正在被那些令人不稱心的、消極的東西所代替，那就是該把你的「電池」充電的時候了。

是的，為了維持你的身體和心理兩方面的能量水平，需要鍛鍊它們。但是還有第三個因素。你的身體和心理都需要適當地供給營養。你可以攝取適量的營養食品，以幫助你維持身體健康。你可以從勵志書籍中吸取心理的和精神的維生素，保持你心理上和精神上的活力。

維生素是健康所必需的

美國印地安那州拉法也特市美國農業研究會前主任、哲學博士斯卡賽司談到非洲海岸的一個村莊比內地同樣部族的村莊更先進。為什麼？因為這個村莊的居民比內地的同族人在身體上更強壯，在精力上更充沛——他們有更多的活力。這兩個地方的人之間的差別是來自飲食上的一些差別。住在內地的人沒有攝取足夠的蛋白質，而住在海岸的人從他們所吃的魚，獲得了大量的蛋白質。

米爾斯在他的著作《氣候造人》中說：「美國政府發現巴拿馬地區一些居民心理和身體的活動中過於呆滯。科學研究表明：這些居民所賴以為生的植物和動物中都缺乏維生素B_1。把維生素B_1加到他們的食物中時，同樣的人就變得更有活力和更加活潑。

如果你懷疑你的膳食缺乏某種維生素和其它要素，以致你的能量水平受到了壓制，你就應當對這事採取一些措施。一冊完備的烹飪指南可以給你一些幫助。你還可以買一些營養管理的小冊子。如果條件允許，你就做一次體檢。

你的身體能不費力地接受和吸收物質的維生素，你的下意識心理也會同樣不費力地接受和吸收心理和精神的維生素。但是，不像你的身體，你的下意識心理能消化和保留無限量的東西。不像你的胃，你的心理絕不會被塞得滿滿的。你供給它多少，它就能接受並保留多少——甚至還能容納更多的東西哩！

你將在何處找到這些心理的和精神的維生素呢？你可以在許多報刊、雜誌和書籍中找到這種維生素。

實際上，下意識心理像一個電池。你可以從它裏面獲得巨大的能量。這種能量又能轉變成身體的活力。如果我們允許消極情緒在這裏面造成「短路」，這時能量就要浪費掉。如果能量被很好地利用，那它就不僅不會被消耗掉，反而能增長許多倍，正如同發電廠的發電機能產生大量的有用的電力一樣。

已故的出版業著名人士萊吉爾曾經寫過一篇文章，發表在《成功無限》雜誌上。在這篇文章中他把能量的消耗講得很精彩。萊吉爾闡明了不必要的「憂慮、憎恨、恐懼、狐疑和憤怒」能夠浪費能量。

他說：「所有這些浪費能量的元素也能同樣很容易地被轉換成產生動力的元素。」

為了說明這一點，萊吉爾先生畫了一幅電力廠的圖畫：一些爐子張著爐口；紅色的火焰、爐內吼叫著；鍋爐裏的水在沸騰；蒸汽正在推動活塞轉動巨大的發電機；有著金色表面的銅質線圈正在飛速旋轉，快得好像沒有動一樣；綠色和藍色的火花在電刷下面閃耀；粗大的電纜一根根架在空中；一直通到配電盤，正在輸送電流到全城各地，以供數以千計的用戶的各種用途。

在這幅圖畫的另一面，工廠是同樣的，鍋爐、發電機也是同樣的，唯一的差別在於沉重的電纜不是架在配電盤上，而是插入到一個水桶中。實際上全部電力都浪費了，沒有一部升降機能運轉，沒有一部機器能開動，沒有任何一個燈泡能發光。

萊吉爾由此得出的結論是：「兩個人用同樣的方式、同樣多的能量，做同樣的工作，存失敗之心的人得到的是失敗，存成功之心的人得到的是成功。」

在動物界的成員中，只有人才能主動地從內部透過他的自覺意識的功能，去控制自己的情緒。愈是文明、愈是高尚、愈有教養，就愈易於控制自己的感情和情緒——如果你願意這樣做的話。

然而，你很可能總是在這個或那個錯誤情緒的指導下，浪費你心理上和精神上的能量。如果是這樣，你就可以扳一個道岔，指揮你的能量流向有用的渠道。如何做呢？把你的能量放在你所想要得到的事物上，而使它遠離你所不想要得到的事物。你的情緒能立刻受行動的支配。因此，要行動起來！用積極的情緒代替消極的情緒。

澳洲的福萊芝給了我們一個極好的例證。福萊芝生不逢時，命途多舛，她誕生於巴爾曼一個郊區的水邊，一直患著貧血。但是，她下了一個特大的決心，要成為一位偉大的游泳冠軍。後來她果然成了世界上最著名的女游泳運動員之一。但是她並不滿足。

當福萊芝從英國威爾斯東南的海港加地夫帝國運動會回到家時，她讀了一本書，這本書就是《思考致富》。「我覺得希爾的成功公式最激勵人。」她說：「我開始思考我們在英國進行混合游泳接力賽中，英國選手打敗我們的情況。在我所擔任的自由式接力賽的一段距離上，我游了六〇・六秒。這比我自己保持的世界記錄還要快〇・六秒，但仍然沒有好到足以使我們趕上並超過英國。我很想知道：我是否在那個最後的時刻盡了全力。」

福萊芝開始重溫她那個已經做了很久的夢——成為第一個以不到六十秒的時間游完一百米的女子。她稱這個時間為「奇異的一分鐘。」

她想：「如果我能使這個夢想實現，我們就可以獲得勝利。」

「從那個時刻起，破記錄就成了我內心的熾烈的願望。我把它視為我的壯志，並制定了積極的行動計畫，以這奇異的一分鐘作為我的目標。正如希爾所建議的那樣，我決定在心理上和生理上都要多走一些路。」

福萊芝小姐除去訓練身體之外，現在也在增強訓練心理。她已經打破了一個又一個記錄，正在為實現她的「奇異的一分鐘」而努力。據澳洲新聞記者溫佳德的報導，全澳洲的體育教練們都被吸引去研究拿破崙・希爾的教導。

17 你能健康長壽嗎？

讓自己感覺到——自己是一個有作為的人。

積極的心態對你的健康，進而對你的生活和工作都起著重要的作用。

「由於上帝的仁慈，我過得愈來愈好。」有些人每天在醒來時和就寢前都要把這句語朗誦好幾次。對他們來說，這句話並不是華而不實的語言。

就某種意義來說，說這句話的人正在運用積極的心態，正在把生活中較好的東西吸引到他的身邊，正在運用本書作者要你運用的力量。

積極的心態會幫助你克服一切

積極的心態會促進你的心理健康和生理健康，延長你的壽命。而消極的心態一定會逐漸破壞你的心理健康和生理健康，縮短你的壽命。有些人由於適當的運用了積極的心態，從而拯救了許多人的生命；這些人之所以得救，就是因為接近他們的人具有強烈的積極的心態。下面的一件小事就可證明這一點。

醫生說：「這個孩子不能活了！」

他們所說的孩子是個剛生下來兩天的嬰兒。

「這個孩子會活下去！」父親回答道。

這位父親具有積極的心態——他有信心——他相信祈禱，更相信行動。

他開始行動起來了！

他委托一位小兒科醫生照料這個孩子，這位醫生也有積極的心態，作為一位醫生，他根據經驗知道，自然給每種生理的缺點都提供了一個補償的因素。這孩子確實活了！

上面的標題出現在芝加哥《每日新聞報》。這篇文章報導：一位六十二歲的建築工程師回到家裡，上床就寢時，感覺胸痛，呼吸急促。他的妻子比他年輕十歲，大為驚慌，她懷著希望為丈夫按摩，試圖增強他的血液循環。但是，他死了。

「我再也不能活下去了！」這位寡婦對她的母親說。

於是，這位寡婦承受不住心理上的打擊也死了。她和他丈夫死在同一天！

那活了的嬰孩和那死了的寡婦，證明了積極的和消極的心態同樣具有強大的力量。

如果懂得積極的心態能把好事吸引到身邊，消極的心態會帶來壞的事情，難道發展積極的思想和態度不是極為合情合理的嗎？

現在正是你發展積極心態的時候。要為任何可能發生的緊急情況而作好準備，要有一個生活目標。記住：當你有了生活目標時，下意識心理能把強大的激勵因素加到你的意識心理上，使得你在緊急情況中能夠生存下去。

你該把良好的勵志書籍當作正催化劑，加速你取得人生中真正成功的進程。

馬丁在他所著的《你的最大力量》一書中談到一團英軍，他們把《聖經》第九十一首讚美詩作為正催化劑，這不僅幫助他們保存了生命，而且幫助他們取得了勝利。

馬丁寫道：「英國著名工程師和最偉大的科學家之一羅遜在他的書《被理解的生命》中敘述了一團英軍在上校威特西的指揮下，在世界大戰中服役四年多，卻沒有損失一個人。這個不平常的記錄之所以成為可能，是由於官兵積極合作，大家經常記憶和背誦《聖經》第九十一首讚美詩的詞句，他們把這首詩作為取得勝利及保護健康和生命的催化劑。」

保護你的健康，從而也就可以保護你的生命。同時願你對你的健康不要有什麼誤解。你的健康乃是你最有價值的資產之一。今天許多人都非常願意用他們的財產換取良好的健康。

洛克菲勒退休後，他確立的主要目標就是保持健康的身體和心理，爭取長壽，贏得同胞的尊敬。金錢能幫助他達到這些目標嗎？下面是洛克菲勒如何達到這個目標的綱領：（它對你有什麼意義呢？）

1・每星期日去參加禮拜，記下所學到的原則，供每天應用。

2・每晚睡八小時，每天午睡片刻。適當休息，避免有害的疲勞。

3・每天洗一次盆浴或淋浴，保持乾淨和整潔。

4・移居佛羅里達州，那裡的氣候有益於健康和長壽。

5・過有規律的生活。每天到戶外從事喜愛的運動——打高爾夫球；吸收新鮮空氣和陽光；定期享受室內的運動；讀書和其他有益的活動。

6・飲食有節制，細嚼慢嚥。不吃太熱或太冷的食物，以免燙壞或凍壞胃壁。

7・汲取心理和精神的維生素。在每次進餐時，都說文雅的話，並同家人、祕書、客人一起讀勵志的書。

8・雇用畢格醫生為私人醫生。（他使得洛克菲勒身體健康、精神愉快、性格活躍，愉快地活到九十七歲高齡。）

9・把自己的一部分財產分給需要的人以共享。

起初洛克菲勒的動機主要是自私的，他分財產給別人，只是為了換取良好的聲譽。但實際上加出現了一種他未曾預料的情況：他透過向慈善機構的捐贈，把幸福和健康送給了許多人，在他贏得了聲譽的同時，他自己也得到了幸福和健康。他所建立的基金會將有利於今後好幾代的人。他的生命和金錢都是做好事的工具。他達到了自己的目標。

首先你應當認識到積極的心態會吸引財富，然後才能去積累財富。但是，在使用積極的心態時不要忽略了你的健康。

無知的代價就是犯罪、疾病和死亡！

關於衛生知識你懂多少？衛生的定義是：「用以提高健康的一系列原則或規則。」忽視生理和心理的衛生能導致犯罪、疾病和死亡。

如果你羞於討論這類問題，你可以讀瑪麗和哈諾德合著的《忠實的冒險》。今天，由於積極的心態，家庭、學校、教堂、出版社、醫藥界、政府以及青年組織，都在努力透過教育掃除籠罩在人們心頭的關於生理、心理和社會衛生的無知的黑雲。

但是，用衛生教育來解決酒精中毒的問題都是不易奏效的。酒精中毒在美國是損害健康的最大因素之一。它僅次於精神病和道德病，同時也是造成這兩種病的最大原因之一。酒精中毒的經濟損失每年高達二百五十億美元。這個損失的較大部分是工作時間的損失，其次是醫療費用和身體上的損失——主要是汽車事故造成的損失。但是，金錢的損失，若是同生理、心理和道德健康的損失以及由酒精中毒而引起的生命的損失比較起來，則是微不足道的。

大家知道：酒精能改變腦波，這可以用腦電圖儀記錄下來。酒精對神經細胞的新陳代謝破壞最大，它能引起腦血管硬化，使人的思維能力和自我控制能力下降。

神志清楚是一種健康的狀態，這時意識和下意識心理的活動處於適當的平衡中。當一個人處在這種心理狀態時，意識心理的理智和其他力量便充當調節下意識心理的控制器。當這個控制器的活動減弱了時，機器就會瘋狂地運轉起來，人就可能做出不合邏輯的行徑。

由於酒精對腦細胞的影響，意識心理的作用被降低了，人處在這種狀態中，就會無約束地放縱下意識心理的種種活動，就會做出愚蠢的和令人不滿的行為。

治療酒精中毒的方法是什麼？停止喝酒！這對酒鬼來說，知易行難。重要的是：要相信這是能做到的。

你不要因為你一直是失敗的，就放棄努力。你能從成功的經歷中受到激勵和得到希望。一個學步的嬰孩不會因為在邁出最初三步後跌倒而受到批評。嬰孩受到了稱讚，因為他自覺地做出了努力，取得了進步。

酗酒者可以在許多地方找到治療。醫治酒精中毒的理想方法和地方有很多。然而，每個人必須戰勝自我。一般說來，他必須接受外人的勸阻，人們可以透過建議來幫助他，直到他自己能控制自己。積極的心態能幫助酗酒者創造奇蹟，只要他以積極的心態去思考和工作。

不要猜疑你的健康！

有一位年輕的汽車銷售經理。他的面前本是一條灑滿陽光的大道，然而他的情緒卻非常消沈。他認為自己要死了！他甚至為自己選購了一塊墓地，並為他的葬禮做好了一切準備。實際上，他只是經常感到呼吸急促，心跳很快，喉嚨梗塞。他的家庭醫生——一位很成功的內科和外科醫生——勸他休息，泰然處理生活，退出他所熱愛的銷售汽車的事業。

這位銷售經理在家裡休息了一段時間，但是由於恐懼，他的心裡仍不安寧。他的呼吸變得更加急促，心跳得更快，喉嚨仍然梗塞。這時他的醫生勸他到科羅拉多州去度假。科羅拉多州雖有使人健康的氣候，壯麗的高山，但仍不能阻止這位銷售經理陷入恐懼。一週後，他回到家裡。他覺得死神即將降臨。

「打消你的猜疑！」希爾告訴這位銷售經理：「如果你到一個診所去，如明尼蘇達州羅契斯特市的梅歐兄弟診所，你可以徹底弄清病情，而不會失去什麼。立即行動！」

按照希爾的建議，他的一位親戚開車送他到羅契斯特市。實際上，他很害怕自己會死於途中。

梅歐兄弟診所的醫生給他做了全面檢查。醫生告訴他：「你的病因是吸進了過多的氧氣。」他笑起來說：「那太愚蠢了……我怎樣對付這種情況呢？」醫生說：「當你感覺到呼吸困難，心跳加快的時候，你可以向一個紙袋裡呼氣，或暫且屏住氣息。」醫生遞給病人一個紙袋，病人就遵從醫生的囑咐行事。結果他的心跳和呼吸變得正常了，喉嚨也不再梗塞了。他離開這個診所時是已經變成一個愉快的人了。

此後，每當他的疾病症狀發生時，他總是屏住呼吸一會兒，使身體正常發揮功能。幾個月以後，他不再恐懼，病症也隨之消失。這件事發生於三十多年以前。自從那時以來，他再也沒有找醫生看過病。

當然，並非所有的治療都是這樣容易奏效的。有時，可能必須使用你所有的機智，然後才能找到效果較好的療法。然而，聰明的辦法是堅持用積極的心態繼續探索。這樣的決心和樂觀精神通常總是要付出代價的。另一位銷售經理就是這樣做的。讓我們告訴你關於他的故事。

這個孤獨的銷售經理在一個小城市住進了旅社，當他走進旅社的房間時，他跌了一跤，跌斷了一條腿。旅社經理把他送到附近的一家醫院，在那裡一位主治醫生接合了他的腿。幾天以後，人們認為他不要緊了，可以走動了，於是他就回到自己的家裡。

在家庭醫生的護理下，他似乎恢復了健康，但他的腿都並沒有痊癒。許多星期以後，醫生告訴他：他的腿將會日趨惡化，他會成為一個跛子。這位銷售經理感到非常煩惱，因為他的工作需要他用腿跑路。

他同斯通討論了這個問題。斯通告訴他：「不要相信這些話！總會有一種療法——去找到它！不要懷疑，立即行動！」

我們把汽車銷售經理的故事告訴了他，並同樣建議他到梅歐兄弟診所去。他離開診所時也成了一個愉快的人。醫生告訴他：「你的身體需要鈣。我們可以給你補充鈣，但是鈣會耗損掉。你要每天喝一夸脫牛奶。」他做到了。過了一些時候，那條受傷的腿就變得同健康的腿一樣強健了。

積極的心態被應用於維護健康時，要考慮到發生事故的可能性。事實上，安全第一是積極心態的象徵。由此，你該聽取這個建議：要機敏，要有強烈的生存願望——拯救生命和財產。

不要驅車為自己送葬

一家報紙登出一篇報導，它的標題是：「參加葬禮遲到了，汽車時速一百六十九公里，車胎爆炸，六人喪生。」該文的第一段說：

> 上星期日的六人葬禮是由於一輛汽車輪胎爆炸而造成的，該車司機和他的親戚去參加一個人的葬禮時惟恐遲到而加大馬力，開車過猛……

如果你想取得身體和心理的健康，如果你想活得更久，你就要小心開車。作為行人，你要警惕危險，遵守交通規則。當你和另一個人同乘一輛汽車，而由那人開車，記住：你的生命便掌握在他的心理、生理以及他的汽車的機械狀況之中。要堅決地拒絕乘坐酗酒的司機駕駛的汽車，要堅決地拒絕乘坐煞車不靈的汽車——即使這部汽車是你自己的。你所拯救的生命可能就是你自己的生命！

芝加哥四十一層的「謹慎大樓」雖然每層值一百萬美元，它仍然是同類大樓中最便宜的辦公大樓。為什麼？因為它從沒有犧牲一條生命！沒有發生嚴重的事故。由於積極的心態，大樓的主人建立了安全體系。

比較起來，消極的心態包括無知和粗心大意，會造成悲慘的事故——

1·紐約的帝國摩天大廈每高三〇·四公尺，犧牲一人。

2·美國西南部科羅拉多河上的胡佛水壩在建設中曾犧牲一一〇人。

3·建設三藩市——奧克蘭灣大橋時，每建設三三·五米長，犧牲一人。

4·建設科羅拉多河水道架橋時犧牲八〇人。

5·建設巴拿馬運河時，犧牲一二一九人。

（在建設這個工程中，由於其他原因，又多犧牲四七六六人。）

6·建設美國西部大峽谷壩和科羅拉多河流工程時。犧牲九十七人。

當然，沒有人能預知悲劇何時會襲來，但準備好總是上策。如果你有積極的心態，你就會做好準備。

當悲劇襲來的時候

基蒂失去了她唯一的只有九歲的兒子。像許多善良的家庭主婦和母親一樣，她沒有受過職業訓練。但基蒂具有一種強烈的信仰。她知道，儘管她受到了巨大的損失，但她必須繼續生活下去，獻出她的一份力量，使這個世界變的更美好。她如何保持了生理和心理健康呢？

基蒂決定——為了減輕痛苦和填充精神的巨大空虛，她要保持高度的忙碌，在她力所能及的條件下，盡力去做一些能使別人幸福的事，因為她再不能去做使她兒子幸福的事了。她在一個忙碌的旅社擔任了女服務員的工作。她的工作時間很長，工作職責義不容辭地要求她愉快地待人接物和做事。結果，工作抵消了她的痛苦。

實際上，你的健康可能受到許多內部力量的影響。這些力量中有一些可能是想像的心理虛構。

把什麼東西放在首位？

積極的心態的兩大報酬就是「心理健康和生理健康」。真的，要努力實踐才能獲得和保持積極的心態。但是，確立的目標、正確而清晰的思考、創造性的想像力、勇敢的行動、長期的堅持和真正的洞察力，這些如果被你滿懷熱情和信心地應用起來，你就能有把握地取得和保持積極的心態。

當你走向你的目標時，你要把什麼東西放在首位呢？

要把「幸福」放在首位。

18 你能吸引幸福嗎？

要得到幸福，首先要讓別人幸福

你能吸引幸福嗎？林肯曾經說過：「我一直認為，如果一個人決心想獲得某種幸福，那麼他就能得到這種幸福。」

人與人之間本只有很小的差異，但這種很小的差異往往都會造成了巨大的差異！很小的差異就是所採取的心態是積極的還是消極的，巨大的差異就是幸福或者不幸。

幸福或不幸福可以由你選擇

想獲得幸福的人應採取積極的心態，這樣幸福就會被吸引到他們身邊。那些態度消極的人不會吸引幸福，只能排斥幸福。

「我想得到幸福……」一首流行歌曲開頭的一句話含義深長：「我想獲得幸福，但是我只有使你幸福了，我才會得到幸福。」

尋找自己的幸福最可靠的方法，就是竭盡全力使別人幸福。幸福是一種難以捉摸的、瞬息萬變的東西。如果你去追求它，你會發現它在逃避你。但是如果你努力把幸福送給別人，於是它就會來到你的身邊。

作家克萊爾・瓊斯是美國中南部奧克拉荷馬城大學宗教系一位教授的妻子，她談到他們在結婚初期所經歷的一種幸福——

「在婚後的頭兩年中，我們住在一個小城市裏，我們的鄰居是一對年老的夫婦，妻子幾乎瞎了，並且癱在輪椅中。丈夫本人身體也不很好，他整天待在房子裏，照料著妻子。在聖誕節的前幾天，我和丈夫情不自禁地決定裝飾一棵聖誕樹送給這兩位老人。我們買了一棵小樹，將它裝飾好，帶上一些小禮物，在聖誕夜前把它送過去了。婦人感激地注視著聖誕樹上耀眼的小燈泡，傷心地哭了。她丈夫一再說：『我們已經有許多年沒有欣賞聖誕樹了。』以後每當我們拜訪他們，他們都要提到那棵聖誕樹。這是我們為他們做的一件小事。但是，我們從這件小事中得到了幸福。」

由於他們的友好，他們得到了一種幸福，這種幸福是一種十分深厚而溫暖的情感，這種幸福將一直留在他們的記憶中。

你可能是幸福的、滿足的，也可能是不幸福的。你有權利選擇其中的任何一種。決定的因素是受你積極的還是消極的心態影響。這個因素也是你所能控制的。

不利條件，不一定是通向幸福的障礙

可以肯定地說，如果有一個人有充足的理由去抱怨他的不幸的話，這個人就是海倫・凱勒。海倫誕生時便是聾、啞、盲者，她被剝奪了同她周圍的人進行正常交際的能力，只有她的觸覺能幫助她把手伸向別人，體驗愛別人和為別人所愛的幸福。

但是，由於一位虔誠而散發光輝的教師向海倫伸出了友愛的手，這位既聾，又啞，又盲的小女孩終於成了一個歡樂、幸福和成績卓越的女性。海倫曾經說道——

任何人出於他的善良的心，說一句有益的話，發出一次愉快的笑，或者為別人鏟平粗糙不平的路；這樣的人就會感到他的歡欣是他自身如此親密的一部分，以致使他終生去追求這種歡欣。

你分享給別人的東西愈多，你獲得的東西就越多。你把幸福分給別人，你的幸福就會更多。但是，如果你把苦難和不幸分攤給別人，你得到的就只能是苦難和不幸。有這樣的一些人：他們總有煩惱，不論發生了什麼事，他們都認為那些事是不稱心如意的。這恰恰是因為他們總是把煩惱分攤給別人。

現在世上有許多孤獨的人渴望愛和友誼，但是他們似乎絕對得不到它們。有些人用消極的心態排斥他們所尋找的東西。另一些人蜷曲在他們狹小的天地裏，絕不敢衝出去。他們只得幻想什麼良好的東西會來到他們的身邊。即使他們得到了這些東西，他們也絕不會把它們分給別人以共享。他們不懂得：如果你不把你所擁有的良好而稱心的一部分東西分給別人，那些東西就會減少下去。

然而，另一些孤獨的人都有勇氣去做一些事，以克服他們的孤獨。他們在將良好而稱心的東西分給別人時，找到了克服孤獨的答案。

有這樣一個小孩，他實在是一個極為孤獨而不幸的小孩。他誕生時，脊柱拱起，呈怪異的駝峰狀，而且他的左腿是彎曲的。醫生望著這個男嬰，對他的父親確信地說：「他會完全好的。」

這個孩子的家庭很窮。在他不滿一歲的時候，他的母親過世了。他長大了些時，別的孩子都避開他，因為他身體畸形，而且他無法令人滿意地參加孩子們的活動。這個孩子名叫查理・斯坦梅茲，一個孤獨不幸的兒童。

但是上天並沒有忽視這個兒童。為了補償他身體的畸形，他被賜予了非凡的敏銳和聰慧。查理五歲時能作拉丁語動詞變位；七歲時學習希臘語，並懂得了一些希伯萊語；八歲時就精通了代數和幾何。

在大學裏，查理的每門功課都勝人一籌。事實上，他畢業時十分榮耀。他用儲蓄的錢租用了一套衣服，準備參加畢業典禮的盛會。但在消極的心態影響下，人們常常考慮不周，這所大學的當局在布告欄裏貼了一個通告，免除查理參加畢業典禮。

這件事促使查理不再只是努力使人們注意到他的心理能力，從而尊敬他，而去努力培養與他人間的友誼，促進人類的善良風氣。為了實踐他的理想，他來到了美國。

在美國查理四處尋找工作。由於其貌不揚，他多次受到冷遇。但他終於在通用電氣公司謀到了一個工作，當繪圖員，週薪十二美元。他除去完成規定的工作外，還花費很多時間來研究電氣。他還努力培養他和同事之間的友誼。

查理工作努力，成績顯著。他一生獲得了二百多種電氣發明的專利權，寫了許多關於電氣理論和工程的書籍和論文。他懂得做好了工作便會得到滿意，也懂得做出了貢獻，使得這個世界成為值得生活的更好的世界。他積累財富，買了一棟房子，並讓他所認識的一對年青夫婦和他同享這棟房子。這樣，查理得到了幸福的生活。

家庭是幸福的搖籃

我們每一個人的大部分時間都是在家庭中與家人一起度過的。但在那兒，由於許多原因，問題可能此起彼伏。

在我們的「成功學——積極的心態」學習班的學生中，有一位有才能、有進取心的大約二十四歲的青年。我們問他：「你有什麼問題嗎？」

「有！」他答道：「我的母親……事實上，我已決定在這個週末離開家庭。」

當我們要求這個學生討論這個問題時，事情就變得很明顯：他和他母親的關係是不和諧的。而其問題的關鍵似乎是：母視的進取心和好強的性格和兒子的性格相似的。

教師就向全班說：「個人的性格可以比作磁力，當兩種同名極磁力在一條線上，向同一個方向推或拖時，它們就互相合作。當兩種同名極磁力相互作用時，它們就互相抵抗和排斥。」

教師直接對那個學生說：「你的行為和你母親的行為似乎是十分相似的，根據你對待她的方式，你能確定她將如何對待你。你也許能透過分析你自己的情感來評價你母親的情感。因此，你能輕易地解決你的問題！

「當兩種強而有力的性格互相反對而兩個人又希望能和諧地生活在一起的時候，至少有一方必須應用積極的心態的力量。你在本週的特殊作業就是：當你母親要你去做什麼事時，你就愉快地去做。當她提出一個意見時，你就以令人愉快的、誠懇的態度說出自己的意見，或什麼話也不說，完全同意她的意見。當你企圖找她的岔子時，你就壓下火氣找出好的話來說。這樣，你將取得令人高興的效果。」

「這不會起作用的！」這位學生答道：「她實在是頑固得無法相處！」

「你絕對正確。這可能不會起什麼作用，但你可以試試用積極的心態去做。」

一週之後，教師問這位學生情況如何了。他的答覆是：「我很高興，在這一週中，我們之間沒有說過一句令人不愉快的話。知道嗎？我已經決定留在家裏了。」

人們有一種傾向：喜歡用他們自己的反應來判斷別人的反應。這個結論，對那些像那位曾同母親不合的青年一樣的人說來，有時可能是正確的。但是許多父母同他們的孩子有矛盾，常是由於他們未能認識到孩子的性格和他們的性格不同。錯誤在於這些父母沒育認識到時間既改變了孩子，也改變了他們自己，因而他們沒有去調整自己的心態，以適應孩子和他們本身的變化。

一位律師有五個孩子。但是他們並不愉快，因為他們最大的女兒——一個大學一年級的學生——不能按照他們所規定的方式生活。

「她是一個好女兒，但是我無法理解她。」父親說：「她不喜歡從事家務勞動，卻辛辛苦苦地花幾個小時去彈鋼琴。夏天我給她在百貨公司找到一個工作，但她不想去做。她只想整天彈鋼琴！」

我們建議他們都做個活動矢量分析。這種分析的結果是很能啟發人的。我們發現這個女兒有雄心、有能力和自己的特點，這些都大大超過了她的父母，致使他們很難理解她對他們的反應。

這對夫婦認為學會彈鋼琴是件好事，但一個女孩子做家務勞動和在商店裏勞動也是很有必要的，想成為鋼琴家的熱情只是浪費時間。「總有一天她要結婚的，那時她就要理家。她應當更踏實些。」雙親做出這樣的推論。

我們把這個女兒的才能和愛好向她的父母解釋一番，並說明了他們為什麼不能理解女兒的原因。我們也向這個女兒說明了為什麼她父母用一種方式思考，而她自己用另一種方式思考。當他們三人致力於相互了解並用積極的心態去解決這個問題時，他們便得以和睦地相處在一起了。

家庭幸福需要家庭成員之間相互了解

要幸福，就要了解別人。要認識到別人不可能和你完全相同。他不可能像你一樣思考，他所喜歡的東西不可能就是你所喜歡的東西。當你認識到這一點時，你更易於發展積極的心態，更易於做一些事情，使得別人能做出稱心的反應。

磁鐵相反兩極互相吸引，而具有相反性格特點的人們也是這樣。一個有進取心、樂觀、有雄心、有信心，並且具有巨大的內驅力、能力和毅力的人，與一個易滿足、膽怯、害羞、機智和謙遜，還可能包括缺乏自信心的人在一起時，往往會互相吸引，互相補充，加強和完善。他們聯合上後，便可融合他們的性格，這樣，每個人的缺點也就互相抵消了。

如果你同一個性格恰好與你相同的人結了婚，你會感到幸福和受到鼓舞嗎？你如果做出真實的回答，那也許是：「不。」

應該教育孩子們去了解和尊重他們的雙親。家庭中許多不幸，正是由於孩子們不了解、不尊重他們的雙親所造成的。但這是誰的過失呢？是孩子的？還是父母的？或者是雙方的？

不久以前，我們同一個大企業的總經理進行了一次會談。這位大企業家由於工作卓越，大名曾出現在美國各大報財經欄的顯要版面上，然而，在我們見到他的那一天，他很不愉快。

「沒有人喜歡我！甚至我的孩子們也恨我！這是為什麼呢？」他問道。

實際上，這個人是一個心地善良的人。他給孩子們金錢所可能買到的一切東西，為他們實創造了安逸的生活。但是，他阻止孩子們取得某些必需品，這些東西曾經迫使他在孩提時代取得力量，從而發展為一個成功的人。

他力圖使孩子們遠離生活中那些對他來說不美的東西。他滅絕了孩子們奮鬥的必要性，使他們不再像他過去那樣必須進行奮鬥。當他的兒女還是孩子的時候，他從未要求或盼望他們尊重他，而他也從未得到過尊重。然而他確信：孩子們了解他，並不需要努力去探索。

事情本來會與此迥然不同的，如果他真的教育了孩子們要尊重人，並且至少部分地依靠艱苦奮鬥，依靠自己的力量安排自己的生活。他給了孩子們幸福，卻沒有教育他們使別人幸福，從而使自己更幸福。如果在他們成長的時候，他就信任他們，並且告訴他們，為了他們的利益，自己曾歷盡坎坷，也許他們早就更加了解他了。

但是，這位總經理，或者和他處在同樣境況中的任何人，沒有必要仍然處在不愉快中。他能把他的法寶中的積極的心態那一面翻上來，力圖使自己為親愛的人所熟悉和了解。如果他能表明他熱愛孩子的方式是同他們分享他自己的優點，而不是僅僅給他們提供那些物質的東西；如果他能同他們自由地分享他的優點，正像分享他的金錢一樣，他就會體驗到孩子們由於愛和了解所回報的豐富報酬。

現在，他已能借助閱讀勵志書籍來幫助自己。我們推薦了幾種書，其中包括《影響力的本質》。我們告訴他：他的孩子也是「別人」。

透過語言的交際進行吸引和排斥

不管你是誰——你都可以是一個絕妙的人！然而某些個別的人可能不是這樣想。如果你覺得他們對於你所說的話、所做的事反應不當，並含有不應有的對立，你對這事就要採取一些措施。他們，正同你一樣，是通情達理的。

別人對你做出的令人不愉快的反應，可能是由於你所說的話以及你說這些話的方式或態度不當。話音往往能反映說話人的語氣、態度和心中潛在的思想。你要認識到過失在於你，這可能是困難的；當你認識到過失確是在於你時，你要採取主動，改正錯誤，這或許是同樣困難的——但是你能做到這一點。

如果別人說的話或者說話的方式使你的感情受到傷害，那就很可能是由於你自己說了什麼錯話或者說話的方式不對，而冒犯了別人。確定了你的情感受到傷害的真正原因，才能避免使得別人做出同樣的反應。

如果你發覺某人對你說話的聲調和態度要不得，你就該避免使用這樣的聲調和態度，以免冒犯別人。

如果某人用一種發怒的聲音向你叫喊而使你感覺十分不快，你就要想到如果你用那種聲音對別人叫喊，也會使別人感到不快——即使他是你五歲的兒子。

如果一個人誤解了你的好意，你就該表明你的真心，以消除誤會。

如果你喜歡受到稱讚，如果你喜歡人家記住你，如果你得悉某人在懷念你，你就覺得高興，你就能確信：如果你稱讚別人，或者寫一封短信，讓他們知道你在想念他們，他們一定是很高興的。

書信能帶來幸福

分離的人，如果常有書信往來，反而會覺得更親密。有許多分居兩地的人之所以舉行了婚禮，就是由於在分別之後，他們的愛情透過書信反而成長得更深厚的緣故。

透過書信往返，雙方可以增強理解。每個人都能在信件中表達思想。表達愛情的信件不必、也不應當因結了婚而中止。馬克•吐溫每天都給他的妻子寫情書，甚至當他們都在家的時候，亦復如此。他們在一起過著真正的幸福生活。

你要寫信，就必須思考，把你的思想提煉在紙上。你可以借助回憶過去、分析現在和展望將來發展你的想像力。你愈是常寫信，你就愈對寫信感興趣。你寫信時，最好採用提問的方式，這樣，易使收信人給你回信。當他回信的時候，他就成了作者，你就可以體驗到收信人的歡樂。

你的收信人是按照你的思路進行思考的。如果你的信是經過周詳考慮寫下的，它就能使收信人的理智和情緒沿著你指引的路徑前進。收信人讀你的信時，信中鼓舞人的思想被記錄在他的下意識中，將不可磨滅地深印在他的記憶裡。

滿足

拿破崙・希爾曾經是報刊專欄作家，他寫過一篇文章，標題是《滿足》。你會發覺這篇文章很有用。下面就是它的摘錄——

全世界最富裕的人住在「幸福谷」。他富有歷久不衰的生活理想，富有他所不能失去的東西，這些東西能給他提供滿足、健康、寧靜的心情和內心的和諧。

下面是他的財產清單，它們本身說明了他是怎樣獲得這些財產的。

我獲得幸福的方法就是幫助別人獲得幸福。

我獲得健康的方法就是生活中有節制，我僅僅吃維持我的身體健康所必需的食物。

我不仇恨任何人，不嫉妒任何人，而是熱愛和尊敬全人類。

我從事我所熱愛的勞動，我還把遊戲同勞動相結合，因此我很少感到疲勞。

我每天祈禱，不是為了更多的財富，而是為了更多的智慧，用以認識、利用、享受我所已經擁有的大量財富。

我不使用辱罵的言語

我不要求任何人的恩賜，只要求我有權把我的幸福分享給那些需要幫助的人。

我和我良心的關係良好，因此它總是指導我正確處理一切事情。

我所擁有的物質財富多於我的需要，因為我清除了貪婪之心。只需要在我有生之年能用於建設的那部分財富。我的財富來自分享了我的幸福而受了益的那些人。

我所擁有的「幸福谷」的資產當然是不可課稅的。它主要是以無形財富的形式存在於我的心裡；這種財富無法估定價值，也不能被占用，除去那些能接受我的生活方式的人。我用了一生的時間，努力觀察自然的規律，形成了遵循自然規律的習慣，從而創造了這種財產。

「幸福谷」中的信條是沒有版權的。這些信條也能給你帶來智慧、寧靜和滿。

19 祛除內疚情緒

你有內疚情緒，那很好。但你要祛除那種內疚情緒！

你有一種內疚情緒。那很好！

但是，你要祛除那種內疚情緒。

有內疚感是好的。每個活著的人不管他是如何的好或壞，有時都會體驗到一種內疚情緒。這種情緒是一種「悄悄的小聲音」對你說話的結果，那種「悄悄的小聲音」就是你的良心。

內疚情緒的作用

現在你想想，如果一個人在做了錯事之後，都沒有內疚的感覺，他會怎樣呢？如果一個人在鑄成大錯之後，都沒有內疚的感覺，他就不能辨別是非，或者不了解那些行為的是非標準。

有些內疚情緒是遺傳下來的，而另一些內疚情緒則是由人們在生活中獲得的。

我們知道，處在不同環境中的人可能具有不同的甚至相反的道德標準。然而，人們在每一個場合都會受到特定的道德標準的教育。他如果違背了這種道德標準，就會產生內疚。

當然，在某些場合，違背了某種社會道德標準卻是好事，因為這種標準本身可能是不合理的。

我們反覆重申：內疚情緒是好的，它甚至能激勵有德行的人產生美好的思想和行動。內疚情緒配合著積極的心態會有良好的促進作用。但是，並非每種內疚情緒都能產生良好的結果。當一個人有了內疚情緒，而又不用積極的心態去祛除它，其結果往往是最為有害的。

弗洛伊德說：「我們的工作進展得愈遠，以及我們對神經病患者精神生活的認識和研究愈深，我們就愈清楚地感覺到：兩個新因素迫使我們最密切地注意到它們就是抵抗的來源……這兩個新因素，都能包括在『我需要得病』或『我需要受苦』的表述中……這兩個新因素的頭一個就是內疚感或犯罪的覺悟……」

弗洛伊德是正確的，因為內疚情緒常常會激發人們去毀滅自己的性命，毀壞自己的身體，或者用別的方法殘害他們自己，以贖清他們的罪過。今天，很幸運，這樣的方法很少被採用了。文明國家也不允許人們使用這些方法。然而我們還是能夠經常發現與它們極相似的情況，即下意識心理對他們自己的殘害。

下意識心理能像意識心理一樣有效地應用它的力量，當個人不用積極的心態去祛除自己的內疚情緒時，下意識心理就能使他受到傷害。

體諒別人是我們每個人應有的品德。嬰兒很少注意到別人是否舒適和便利，他想要什麼就要什麼。但是，他在成長時，終會逐漸認識到還有別的人活著，自己必須在某種程度上顧及到他們的存在。自私是人的共同特點，我們每一個人只有透過成長，逐漸減少自私。當我們長大到足以了解自私是一種不良品行時，我們在只顧及個人利益時，就會感到一陣內疚的刺痛。這是好的，因為當這種情況發生時，或當我們能在使自己愉快和使別人愉快之間進行選擇時，內疚能使我們思考兩次。

湯姆斯住在俄亥俄州克利夫蘭城。他六歲的孫子每天傍晚都要跑到街道拐角去迎接他下班回家，這使他很愉快。當孫子迎接到他時，他總是給孫子一包糖果。

一天，這個小孩迎接到祖父後，很期望地問道：「我的糖果呢？」這位上了年紀的先生力圖隱藏自己的哀傷情緒。「你每天都來迎接我……」他猶豫了一下，然後接著說：「僅僅是為了一包糖果嗎？」祖父就從衣袋裡掏出一包糖果，遞給孩子。他們向房子走去，誰也沒有說話。這孩子傷心了，他知道他傷害了自己所愛的祖父的心。

那天晚上，這個六歲的孩子和他的祖父一起跪下，高聲祈禱。祈禱中這個孩子加了一句話：「請上帝讓祖父了解我愛他。」

這個孩子由於自己所做的事而感到不愉快和痛悔，這是好的。為什麼？因為不愉快和痛悔能迫使他採取行動，祛除內疚情緒，對他所做的錯事做出補償。

有時人們會陷入作惡的蛛網中而不能自拔，因為他們放棄了努力。於是他們就被纏結得愈來愈緊，直到最後遇到一次重大的經歷，他們才被釋放出來。吉姆・弗斯的情況就是這樣。

吉姆・弗斯是這樣的人：許多年來，他一直在違背戒律。第一次他違背了「你不可偷竊」這條戒律，這時他還在大學讀書。有一天他偷了九二・七四美元，乘飛機前往佛羅里達州。不久，他又持槍搶劫，被抓獲送入監獄。之後他得到了大赦。此後他參加了軍隊，然而，即使在軍隊中，他仍沒放棄作案。

事情就是這樣在進行。吉姆在人生的道路上不斷的滑下去。但他行惡愈久，就愈感到內疚。開始吉姆還沒有自覺到更多的內疚——因為他的犯罪的自覺意識變得遲鈍了。但是他的下意識心理都在累積著內疚情緒。

吉姆從軍事監獄裡獲釋後，結了婚，搬到了加州。在那兒他開了一家電子諮詢商店。一天，一個自稱安地的人來找吉姆，他談到一個想法：用一種電子裝置去打擊其他種族的人。在幾個星期內，吉姆便深深地陷入到黑社會中去了。為此，他有了一輛價值九千美元的汽車，並在郊區擁有一棟漂亮的房子。他的業務多得使他忙不過來。

一天，吉姆同他的妻子發生了爭吵。她要了解所有這些錢是從哪兒來的，他都不肯說，所以她哭了起來。吉姆不忍心看到她的妻子哭泣，因為他愛她。為了安慰妻子，吉姆提議開車到海濱去。在去海濱的途中，他們碰上了交通阻塞：幾百輛汽車湧進了一個停車場。

「啊！看呀！吉姆。」愛麗絲說：「那是格拉漢！我們去聽他演講吧！這可能蠻有意思呢？」——格拉漢是著名的佈道專家。

吉姆想遷就她，就走了過去。但剛坐下不久，他就變得十分煩躁不安。他覺得格拉漢似乎是在直接對他講話，良心使吉姆感到不安了。

格拉漢的論點是：「如果一個人獲得了整個世界，卻失去了他的靈魂，這對他有什麼好處呢？」接著，他又說：「這兒有一個人，他聽到這些話時，受到良心的譴責，他想要離開他的老路，卻未做出決定。但這將是他最後的機會。」

他的最後的機會？對吉姆來說，這個說法叫他吃驚。這位教士的意思是什麼呢？

吉姆想知道正在發生什麼事，為什麼他總想哭呢？他突然對妻子說：「我們走吧，愛麗絲。」愛麗絲順從的走向一邊，但吉姆抓住她的一隻胳膊，把她的身子轉過來。

「不，親愛的。」他說：「走這邊……」

幾年後，吉姆改變了他的生活。他在洛杉機發表了一次演說，講了他的經歷，特別講到他下決心的那天的情況。那天他被通知飛往聖・路易士城去執行一次竊聽任務。

「我絕不到聖・路易士去。」他說：「我發現了勇氣。」

吉姆・弗斯演講以後，一位婦女走到他面前說：「弗斯先生，我想你也許想知道一件事情。當你打算要到聖・路易士去的時候，我正在市長辦公室工作。就在那一天，我們收到聯邦調查局發來的一份電傳，說你在聖・路易士碰上了一群暴徒，你被他們開槍打死了。」

推薦一個祛除內疚情緒的公式

在吉姆的故事中有一個極好的經驗。吉姆之所以能祛除他的內疚情緒，是因為他遵循了一個我們每個人都能遵循的公式——

1．首先，當你聽到可能改變你的生活的忠告、演講時，你要好好地傾聽。

2．然後，你就不難對你以往所做的錯事由衷地感到慚愧，也不難於做出真誠的

懺悔。

3．你必須邁出前進的第一步，這是很重要的。當吉姆走出那一步時，就等於向公眾宣布：他已對他的過去感到慚愧，現在準備改變他的生活了。

4．還有，你必須邁出前進的第二步：立即開始糾正每一個錯誤。

這就是祛除你的內疚情緒的公式。如果你正為壞事的引誘所苦惱，以及隨之而來的內疚使你不能把你的能力應用到建設的方面，你就學習擺脫內疚的公式，並把這公式同你自己的生活聯繫起來。應用這個公式，邁步走向成功。

《人人都能成功》敦促你把你的意識心理和下意識心理的力量應用在——

1．尋找真理。

2．激勵你自己採取建設性的行動。

3．使你長久地具有良好的生理健康和心理健康，為達到你的理想而奮鬥。

4．明智地生活於你所處的社會中。

5．幫助你糾正那些會使你受到不必要的傷害的作為。

6．使你從你現在所處的地方出發，到達你所想要去的地方，而不管你現在是怎

樣的一個人，或者你已成了哪種人。

你應當把生活中任何會阻礙你取得高貴成就的東西拋到一邊。這要求你了解什麼是對的，什麼是錯的；了解在一定情況下和一定時間內，什麼是善的，什麼是惡的。

你很熟悉你所生存的社會的善惡標準。

你要判斷哪些標準將能引導你走向你所嚮往的目標。

「認識目標是一回事，為達到目標而工作卻是另一回事。」主教富爾頓・辛恩在《生活是美好的》一書中這樣寫道。選定你的目標，為達到目標而工作！指揮你的思想，控制你的情緒，開始行動，你就能掌握你的命運。如果你能不斷地尋找答案，你就能找到它。如何尋找？一個重要的方法就是「抓品德教育」。

「品德是要抓而不是要教育的東西。」這是波士頓兒童俱樂部前行政經理伯格的一條語錄。它出自《讀者文摘》上的一篇文章，該文的標題為《擁有四十萬兒童會員的俱樂部》。

人的品德會受到所處的環境的影響，因此，抓品德教育的一個有效的方法就是把你自己或你的孩子放到某一個環境中，以培養你所期望的思想、品德和習慣。如果你所選擇的環境對思想、品德和習慣的培養不利，你就要予以改換。

家庭也能進行品德教育。如果雙親能用更多的時間，用言行對孩子進行品德教育，他們的孩子就能抓住和學到值得讚美的品德。

當一種德行與另一種德行相衝突時

有時一個人難以決定該說、「是」還是該說「不」。因為要解決的問題可能包含兩種德行間的衝突。每一個人隨時都可能面臨著這樣的衝突，卻又必須做出決定。他必須在他所想要做的事和他所必須做的事之間，或在他所要的東西和社會對他所期望的東西之間作出選擇。

往往要在幾種德行間進行這種選擇，例如：愛、義務和忠誠。舉例如下——

1．對父母的愛和義務與對丈夫或妻子的愛和義務相衝突。

2．對一個人的忠誠與對另一個人的忠誠相衝突。

3．對個人的忠誠與對組織或社會的忠誠相衝突。

為了說明這一點，我們可以談談喬治．約翰遜以及和他在一起工作的一些推銷員的故事。因為他們就曾面臨著對一個人的忠誠與對另一個人和他所代表的組織的忠誠之間的衝突。

喬治訓練、鼓勵和資助一位名叫布萊克的推銷員。喬治喜歡並完全信任布萊克，他給他休假，讓他接待最好的顧客——有長期業務關係的顧客。但是，布萊克的唯一興趣是獲得金錢，他相信用任何手段達到這個目的都是合理的。由於他的行為準則是消極的，他就用消極的心態行事。

「喬治對我真像父親一般。是啊！我把他當作一位父親。」這位推銷員說。但同時他卻祕密地計畫把公司的顧客和銷售力量出賣給公司的競爭對手——為了賺錢。

布萊克在同事家裡是很受歡迎的，因為他們並不知悉他的想法和計畫。布萊克也相信他們是不會出賣他的。他常常問他們：「你想把你的收入增加一倍嗎？你想得到更多的福利嗎？」回答往往是：「那當然很好！但究竟是怎麼一回事？」

布萊克會答道：「我不想讓任何人破壞我的計畫，因此，如果你以你的名譽擔保不告訴任何人，我就告訴你。你能起誓嗎？」當回答是肯定的時候，他就竭力引誘他們轉到公司的競爭對手那裡。他指出真正的或想像上的不滿之事，力圖造成他們對公司的不滿，消除他們良心上的痛苦。

其餘的推銷員都是「進退維谷」。一方面他們已對布萊克起過誓：不告訴別人他所做的事。另一方面他們知道自己所做的事有害於雇主。他們對喬治和他所代表的公司懷著更大的忠誠。

這些推銷員終於還是鼓足勇氣向布萊克指出他所要做的事是不對的。當他不予答覆並堅持他自己的道路時，他們就向喬治報告了這件事。他們正如同林肯所說的那樣：喜歡和任何處事正確的人站在一起；只要他是正確的，就和他站在一起，當他走入歧途時，就和他分手。

這些推銷員在做出正確的決定時，表現了忠誠的品德，表明他們是勇敢、誠實和忠誠的人。他們懂得當對一個人的忠誠和對另一個人的忠誠相衝突時，如何在正確和錯誤之間做出選擇。

這樣的衝突是很多的。在你的一生中，你將面臨許多這樣的衝突。你的決定將是什麼呢？也許下面的話會幫助你：「去做你的良心要你做的而又不會使你產生內疚的事，這就是你要做的正確的事。」

20 測定自己的成功商數

播下一個行為，你就會收穫一個習慣。播下一個習慣，你就會收穫一個品德。播下一個品德，你就會收穫一個命運。

測定成功商數的意義

現在來看看你自己的心態是否是合時宜的。你可以自行做一個測驗。

但是，在做這個測驗之前，我們想先提醒你注意：當你讀本章時，我們會經常要求你回答關於你自己的問題。但實際上：還有什麼比正確評價自己更困難的呢？「要了解你自己」，也許是曾經提供給人們最難的忠告。

為了幫助你了解你自己，本書作者準備了一張個人問題分析表，此表已幫助許多人正確地了解了他們自己。你也許進行過許多測試——智力、才能、性格、詞彙量以及其他等等。但是這個測試和其他的測試是有區別的。我們把它稱為你的「成功商數分

析」。它基於十七條成功原則，這些原則是對世界各領域傑出人物有價值的成就的總結。這個測試有許多目的——

(1)指導你的思想進入人們所希望的軌道。
(2)指明你在成功的路上現在所處的位置。
(3)幫助你確定你該向何處去。
(4)估量你到達所嚮往的目的地的可能性。
(5)指明你現在應有的抱負和其他特點。
(6)激勵你用積極的心態去行動。

現在我們的建議是：請你立即盡力回答下面「成功商數分析表」上的問題，儘量做到準確和真實，而不要愚弄自己。只有真實地回答每一個問題，這個測試才能有效。

成功商數分析表

1．確立的目標

	是	否
(1)你已確立了一生的主要目標嗎？	□	□

(2)你已定下達到那個目標的時限嗎？ □ □

(3)你制定了達到那個目標的具體計畫嗎？ □ □

(4)你確定那個目標將帶給你什麼一定的利益嗎？ □ □

2．積極的心態

(5)你知道積極心態的意義是什麼嗎？ □ □

(6)你能控制你的心態嗎？ □ □

(7)你知道任何人都能用充分的心理力量去控制的唯一的東西是什麼嗎？ □ □

(8)你知道怎樣去發現你自己的和別人的消極心態嗎？ □ □

(9)你知道怎樣使積極的心態成為一種習慣嗎？ □ □

3．多走些路

(10)你是否養成了一種習慣：使你所付出的勞動比你所得的報酬更多更好？ □ □

(11)你知道職工何時才有資格多得報酬嗎？ □ □

(12)你是否聽過有人在某種職業中取得了成功，而他得到的報酬並不高？ □ □

(13)你是否認為任何人都有權要求增加工資，只要他付出的勞動物超所值？ □ □

(14)如果你是老闆，你會對你現在做為一個雇工所做的服務感到滿意嗎？ □ □

4．正確的思考

⒂你是否把不斷學習有關你的職業的更多知識作為你的職責？ □ □

⒃你是否有一種習慣：對你所不熟悉的問題發表「意見」？ □ □

⒄當你需要知識時，你知道如何尋找嗎？ □ □

5．自制能力

⒅當你生氣時，你能沈默不語嗎？ □ □

⒆你習慣於三思而行嗎？ □ □

⒇你易於喪失耐心嗎？ □ □

(21)你的性情一向是平和的嗎？ □ □

(22)你習慣讓你的情緒控制你的理智嗎？ □ □

6．集思心理

(23)你總是透過影響別人來使自己達到目的嗎？ □ □

(24)你相信一個人沒有別人的幫助也能成功嗎？ □ □

(25)你相信一個人如果受到他的妻子或其家庭成員的反對，他在工作中也能很容易地取得成功嗎？ □ □

(26)雇主和雇工融洽地在一起工作有好處嗎？ □ □

⑵當你所屬的團體受到讚揚時，你感到自豪嗎？ □ □

7・應用信心

⑵你相信你有無窮的智慧嗎？ □ □

⑵你是一個正直的人嗎？ □ □

⑶你相信你有能力去做你決定要做的事嗎？ □ □

⑶你是否合理地擺脫了下列七種基本恐懼： □ □

一、恐懼貧窮？

二、恐懼批評？

三、恐懼健康不佳？

四、恐懼失去愛？

五、恐懼失去自由？

六、恐懼年老？

七、恐懼死亡？

8・令人愉快的個性

⑶你有令人討厭的習慣嗎？ □ □

⑶你有應用金科玉律的習慣嗎？ □ □

⑶同你在一起工作的人喜歡你嗎？ □ □

⑶你常打擾別人嗎？ □ □

9．個人的首創精神

(36)你能按計畫工作嗎？

(37)你的工作有計畫性嗎？

(38)你在工作方面具有別人所沒有的卓越才能嗎？

(39)你有拖延的習慣嗎？

(40)你有力圖將計畫制定得更完備，以提高工作效率的習慣嗎？

10．熱情

(41)你是富有熱情的人嗎？

(42)你能傾注你的熱情去執行你的計畫嗎？

(43)你的熱情會干擾你的判斷嗎？

11．控制注意力

(44)你習慣於把你的思想集注到你所做的工作上嗎？

(45)你易於受外界的影響而改變你的計畫或決定嗎？

(46)當你遇到反對的力量時，你就傾向於放棄你的目標和計畫嗎？

(47)你能排除不可避免的煩惱而不斷地工作嗎？

□ □ □ □ □ □ □ □ □ □ □ □

□ □ □ □ □ □ □ □ □ □ □ □

12・協同合作精神

(48)你能同別人和諧相處嗎？ □ □

(49)你能像你隨便要別人給予幫忙那樣給別人以幫忙嗎？ □ □

(50)你經常同別人發生爭論嗎？ □ □

(51)你認為同事間的友好合作有巨大的好處嗎？ □ □

(52)你知道一個人不和他的同事合作會造成損失嗎？ □ □

13・總結經驗教訓

(53)你遇到失敗就停止努力嗎？ □ □

(54)如果你在某次嘗試中失敗了，你能繼續努力嗎？ □ □

(55)你認為暫時的挫折就是永久的失敗嗎？ □ □

(56)你從失敗中學到了什麼教訓嗎？ □ □

(57)你知道你如何將失敗轉變為成功嗎？ □ □

14・創造性的想像力

(58)你能運用你的建設性的想像力嗎？ □ □

(59)你具有決斷力嗎？ □ □

(60)你認為只能照章遵命辦事的人比能提出新主意的人更有價值嗎？ □ □

(61)你是創造發明型的人嗎？ □ □
(62)你能就你的工作提出行之有效的主意嗎？ □ □
(63)當情況令人滿意的時候，你能聽從合理的忠告嗎？ □ □

15．安排好時間和金錢

(64)你能按固定的比例節省你的收入嗎？ □ □
(65)你花錢不考慮將來嗎？ □ □
(66)你每夜都睡得很充足嗎？ □ □
(67)你是否養成了利用業餘時間研讀自我修養書籍的習慣？ □ □

16．保持身心健康

(68)你知道保持健康的五要素嗎？ □ □
(69)你知道良好健康的起點嗎？ □ □
(70)你知道休息與健康的關係嗎？ □ □
(71)你知道調節健康所必需的四要素嗎？ □ □
(72)你知道「憂鬱症」和「心理病」的意義嗎？ □ □

17．個人習慣

(73)你養成了你所不能控制的習慣嗎？ □ □

(74)你已戒除了不良的習慣嗎？ □ □

(75)近來你培養了良好的新習慣嗎？ □ □

「成功商數分析」評分標準

(1)下面的二十一題都應答「否」

(12) (13) (16) (19) (20) (22) (24) (25) (32) (35) (37)

(39) (43) (45) (46) (50) (53) (55) (60) (65) (73)

(2)其餘五十四題都應答「是」。

(3)答對每題得四分。反之，不得分。

計算分數，並從下表查出你的成功商數等級。

成功商數等級表：

0—99分	極差	（下等）
100—199分	較差	（中下）
200—274分	一般	（中等）

275—299分　優良（中上）
300分　極優（上等）

你已嚴格而誠實地回答了「成功商數分析表」上的問題。現在你要記住：你的測試結果並不是不可改變的。如果你得了高分，那就意味著你能夠敏捷地吸取和實踐本書所闡述的一些原則。如果你的得分並不很高，你也不要失望！運用積極的心態，必能夠取得偉大的成就！

當你需要一位心理學家幫助你查明你適合從事什麼事業或職業時，他會反覆要求你接受一系列的測試。

這些測試的結果可以說明你的個人的性向是什麼。然而心理學家也不會認為這些測試結果是最終的。他總是要安排一次面談，以了解測試所不能反映的問題。他要根據測試和談話的結果，向你提出建議性的意見。

你的「成功商數」可以作為你努力程度的一種評判標準，然而並不限於此。它還能揭示你特殊才能的領域，以便使你找到前進的方向。

你的前途就在你的前面。你有能力指引你的思想和控制你的情緒。快喚醒你心中那個酣睡的巨人吧！

21 喚醒你心中酣睡的巨人

校正你的羅盤，以避免危險，從而到達你所選擇的目的地。

你是一位重要的人。

「停下來想想你自己：在整個世界上，絕沒有任何別的人跟你一模一樣；在整個無窮的未來時間裏，也絕不會有另一個人像你一樣。」

你是你自己的產物，造就你一生的東西是你自己的遺傳基因、肉體、意識心理和下意識心理、經驗、時空上的特殊位置和方向……以及其他東西，當然也包括已知和未知的能力。

你有能力去影響、應用、控制和協調所有這些東西。你能夠用積極的心態去指引你的思想，控制你的情緒和掌握你的命運。

你的心理包含著雙重潛在的巨大能力：下意識能力和意識能力。一個是絕不酣睡的巨人，它叫做下意識心理。另一個是在酣睡的巨人，當醒著的時候，它的潛在能力是無限的，這個巨人通稱為意識心理。當它們和諧地工作時，它們就能夠影響、應用、控制和協調所有已知和未知的力量。

你想獲得什麼？

「你想獲得什麼？我們願意為你服務，聽你的指揮。」神靈說。喚醒你內心酣睡的巨人！它比阿拉神燈的所有神靈更為有力！那些神靈都是虛構的。你的酣睡的巨人是真實的！

你想要獲得什麼呢？愛？健康？成功？朋友？金錢？住宅？汽車？表揚？寧靜的心情？勇氣？幸福？或者，你想使得這個世界成為值得生活的更美好的世界？你心中的酣睡的巨人有能力把你的願望變成現實。

你想要獲得什麼？你叫出它的名字，它就會成為你的。喚醒你心中酣睡的巨人！怎樣喚醒？思考。用積極的心態進行思考。

酣睡的巨人就像神靈一樣，必須用魔力來喚醒他。而且，你具有這種魔力。這種魔力就是你的法寶——積極的心態。積極心態的特點用具體的、含義正確的詞來表示就是：信心、希望、誠實和愛。

你處在漫長的征途上

由於電磁效應的干擾會使船舶的羅盤發生偏差，領航員需要做出校正，以便保證他的船舶處於正確的航道上。當你在人生的海洋上航行時，也會遇到各種各樣的干擾。不管磁差還是自差，羅盤都要加以校正，才能顯示出正確的讀數。這種情況同樣可以應用在人生上，人生中的磁差就是環境的影響，自差就是你自己意識和下意識心理中的消極態度。你從航行圖上確定航向發生了偏差時，必須及時校正這種偏差。

在你的前面可能有各種失望、苦難和危險。這些東西就是你的航道上的暗礁和險灘，你必須繞過它們前進。當你修正了羅盤的偏差時，你就能沿著正確的航道行進，以達到你的目的地，而不會遇到災難。

你想要選一條正確的航道，就必須依靠你的準確的羅盤。校準羅盤的誤差並不是一種很難的技術，保證羅盤準確的必要措施就是航行者不斷地校正它。

正如同磁針總是同南北兩極處於一條直線上一樣，當你校正了你的羅盤時，你就會自動地做出反應，同你的目標，你的最高理想，處於一條線上。

現在本書將和你一起在你的征途上走向成功

《人人都能成功》將給你帶來成功、財富、生理健康、心理健康和幸福，只要你對它做出良好的反應。請記住安德魯‧卡內基所說的話：「人生中任何有價值的東西，都值得我們為它而勞動。」

喚醒那酣睡的巨人！在明天以後，你將發現在某種意義上，閱讀勵志書籍將會幫助你喚醒你心中酣睡的巨人。

《全書終》

國家圖書館出版品預行編目資料

人人都能成功／拿破崙．希爾、克里曼特．斯通／合著；
-- 二版 -- 新北市：新潮社文化事業有限公司，2024.11
面；　公分

ISBN　978-986-316-920-8（平裝）
1.CST：成功法

177.2　　113012930

人人都能成功

拿破崙．希爾
克里曼特．斯通／合著

【策　劃】林郁
【制　作】天蠍座文創
【出　版】新潮社文化事業有限公司
電話：(02) 8666-5711
傳真：(02) 8666-5833
E-mail：service@xcsbook.com.tw

【總經銷】創智文化有限公司
新北市土城區忠承路 89 號 6F（永寧科技園區）
電話：(02) 2268-3489
傳真：(02) 2269-6560

印前作業　東豪印刷事業有限公司
福霖印刷企業有限公司

二　版　2025 年 01 月